慈悲在香港

佛教在香港的社會關懷工作

林廣兆

主編 張江亭

著者 潘啟聰 黃大德

目錄

致謝辭

拙作之所以能夠出版，筆者感恩得到不少善緣的支持。2021 年 8 月，香港恒生大學與香港佛光道場合作，成立了人間佛教應用研習中心。筆者有幸成為當中的一分子。香港恒生大學學風優良，一直期望透過研究造福社會。研習中心成立後得到大學的重視。是次研究得到大學和研習中心的大力支持，筆者實在感恩。

除了大學的支持之外，是次研究亦有賴中國文化基金會的資助，令拙作能夠順利出版面世，能夠向各位讀者分享香港佛教界在慈善公益工作上的成就。

筆者非常感謝研習中心的聯合主席張江亭先生一直以來的大力支持。張先生在研究進行期間給予筆者很多寶貴的意見及支持，令研究更臻完善。筆者亦希望借此機會向此書的另一位作者黃大德博士表達謝意。大德兄學識淵博，對於這項研究貢獻良多。

這項研究主要以質性的訪談進行資料搜集，筆者希望向各位曾參與是次研究的嘉賓致謝，感謝他們在百忙之中抽空作分享。沒有他們分享的寶貴經驗和見聞，這項研究一定無法順利完成。

最後，筆者亦希望向三聯書店及梁偉基博士表達謝意。此書性質為學術研究報告，且主題十分專門。三聯書店及梁博士願意支持此項目，並出版此書，筆者由衷感激。

謹此向各位支持過是次研究的善知識致謝。

潘啟聰

寫於 2024 年 5 月

序

何順文教授贈序

近日香港恒生大學社會科學學系兩位老師 —— 潘啟聰博士與黃大德博士，邀請我為其剛完成並出版的研究報告《慈悲在香港：佛教在香港的社會關懷工作》作序言。潘啟聰博士也是大學的人間佛教應用研習中心發起人之一及管理委員會委員，我在中心一些活動上曾與他作討論交流，知道這個研究獲中心資助經費。我認為這是一個很有意義的項目，是一個有待深入探討的重要課題，因此我答允簡單寫一些外行人很粗略的觀察，作為對這個研究計劃和新書的支持。

眾所周知，香港佛教團體在教育、醫療與其他社會公益事業上，一向不遺餘力，不但出版刊物，還開辦不少學校、中醫診所、醫院、圖書館、青年中心、安老院及託兒所等，對香港社會的發展有很積極的貢獻。但根據有關香港佛教與慈善工作有關的文獻，發現相關的研究不論是數量上還是性質上都很有限。大多數的研究或著作只是在陳述相關事實和數據，少有能深入了解實踐者之經驗，以作未來發展改進之參考。這份研究報告，正彌補了現存文獻的不足。

是項研究旨在探討佛教團體在香港進行社會服務之經驗。透過定性研究法，作者深度訪問了多位來自佛教界的學者、公益慈善工作者、精神健康的醫護及其他專家，以了解業界人士面對的優勢、困難及其克服方法，以及受訪者對未來的展望。我觀察到是項研究起碼有三個重要貢獻：(一) 提出一套「福」和「慧」兼顧的新諮商模式；(二) 研究訪問了天主教和基督教的代表，汲取在提供社會服務的經驗，促進跨宗教的對話；及 (三) 可為其他國際主要城市的相關工作提供有用的參考。

這本書以普及為主，兩位作者儘量用深入淺出、言簡意賅和生動的文字來描述過去的經驗和未來展望。我謹向所有關心宗教與社會服務這課題的人士誠意推薦《慈悲在香港：佛教在香港的社會關懷工作》一書。

何順文

香港恒生大學校長

寫於 2024 年 6 月 18 日

張江亭主席贈序

很高興看到潘啟聰博士及黃大德博士的研究著作《慈悲在香港：佛教在香港的社會關懷工作》圓滿出版，此書能夠令讀者深入了解宗教在香港的人間化。書中研究佛教服務社會的部分，使大家更深入認識佛教除了佛廟、佛像、宗教儀式及出世觀外，更有入世的一面；學習佛法，除了修來世，也有很多服務及關懷社會，作為修今生、修此刻及當下的實際行動，此乃人間佛教精粹。研究佛法，學習佛理，應用於生活的各方面範疇，得到覺醒，啟動內在般若智慧，悟出人生究竟意義，或者是療癒目下普遍「空心病」的不二法門。

本人有緣發起及參與成立香港恒生大學的人間佛教應用研習中心（The Centre for Humanistic Buddhism），甚感殊勝。中心由香港恒生大學及佛光山香港道場合作成立。

中心的願景是「以博學篤行的精神，致力成為在大灣區推動『人間佛教』應用與實踐的平台，促進世界和平，社會和諧，家庭和順，人我和敬，自心和悅為任務」。

中心的發展目標，包括：（一）以星雲大師提出的「三好」、「四給」精神，培養大家學習具備慈悲救濟之心、與愛國愛家之情；(二) 在粵港澳大灣區，定期規劃「人間佛教」相關講座、應用研究與社區活動；(三) 在生活上，推動「人間佛教」對於生命的喜樂、自在、圓滿的實踐。

中心的工作是研究及學習佛法，應用在生活上，以行動修正自己，自渡渡他，使家庭和睦，社會和諧，世界和平。中心的發起人潘啟聰博士及黃大德博士，坐言起行，於中心成立後，立即進行一系列人間佛教研究、採訪及講座，並把成果結集成這本書。本人能夠參與其中，並能為本書寫推薦序，實有賴潘啟聰、黃大德兩位博士，為中心作出的貢獻。

如今現實世界面對極大挑戰：戰爭不斷、顏色革命、病毒傳播、排核污水、金融掠奪、文化污染、價值扭曲、道德淪亡……使很多人生活於苦海中，看不到前景，身心俱疲。物質雖然滿足了，但精神空虛。所謂無錢苦，有錢煩，短壽悲，長壽不健康……實在慘不忍睹。很多人憤世嫉俗，追求無底線的自由變成自私自利的行為，無始的貪嗔癡，墮入無底的痛苦黑洞，出現情緒問題的人口比例不斷提高，蔓延到青少年的情緒困擾，自殺個案上升，實令人揪心。

本人離開銀行業後，從事情緒輔導的時間比以往多。眾多個案中，我深刻感受到現今社會人們的情緒問題持續惡化，抑鬱症、躁狂症、躁鬱症個案不斷增加，此乃「空心病」的普及現象，一部分原因是一些有權有勢有資源的人，過度貪嗔痴，行為喪心病狂，引導人類走向深淵。人們面對斷崖式的焦慮，生活瀰漫末世氛圍，失去人生意義，身心俱疲⋯⋯何以解憂？除了物質及生活需要，家庭及社會社交活動、工作和事業的發展、精神上的滿足，均十分重要。參與宗教活動、學習佛法、禪修靜坐內觀，這些活動能夠令人認識自身本來面目，學習接納自我，欣賞生命，尋找內心的慈悲，照顧自己身心健康，關心家人，為公司及企業服務，乃至於貢獻社會、國家，活出有意義及精彩的人生。佛教和其他宗教一樣，在香港進行社會關懷工作，我們內心應該有慈悲感，適當地參與其中，覺醒自己的初心，完成使命，服務社會，到人生最後一刻，可圓滿地乘風歸去。

希望潘啟聰博士及黃大德博士用心用力的著作，令大家有所啟發，大家可以多關心自己、家庭及社會，使眾人活得更有意義，人生能究竟涅槃。

張江亭

香港恒生大學校務委員會成員

香港恒生大學人間佛教應用研習中心聯席主席

中國文化基金會執行主席

石柱先生贈序

《慈悲在香港》即將付梓，我的同事 —— 中國文化基金會執行主席、香港恒生大學人間佛教應用研習中心聯席主任張江亭兄囑我寫幾句話。這週末認真拜讀了這本書，對於香港宗教慈善事業有了一個大致的了解，學到很多未曾接觸過的知識，也從一個特別的角度認識了香港。這本書以佛教在香港的慈善公益事業為著眼點，分析香港社會福利和慈善公益事業的發展過程，其中既介紹了佛教的做法，也比較了基督教、天主教等宗教的做法。

從書裏可以讀到中西不同文化背景的宗教團體在香港歷經苦難時所作的巨大貢獻：「這些民間團體（包括華人社團、志願機構及宗教團體）在兩次大戰、瘟疫流行及難民湧入香港的時期都發揮了積極作用，應付救急的需要，例如東華三院、保良局、天主教修會、基督教差會團體，以及佛教和道教的慈善團體等。」

從書裏也讀到了我一直的認知 —— 好的宗教共通之處，必定是教人向善和救人於水火：「無論在宗教義理或在傳教手法上，佛教與基督宗教在社會服務的參與中都展現了一種宗教性的人道主義精神（Religious Humanism），即是在持守宗教傳統的信仰精神底下，強調『以人為本』的服務原則，同時對於超越的『神聖』保持一份虔敬的信仰，與世俗人文主義（Secular Humanism）混同。由此可見，兩大傳統宗教對於社會服務的參與及照顧人靈的關懷確實具有很多契合之處。」

從書裏我更讀到了佛教與其他不同宗教在慈善公益方面的合作：「香港有不少宗教團體都在提供社會關懷服務，大家各自希望藉機會宣傳自己的宗教。那麼，各宗教團體之間有沒有什麼競爭呢？令筆者感到意想不到的是，雖然宗教團體之間有著不同的價值和其宣教目標，但是大家都因著『病人第一』的宗旨緊密合作。」

我非常認同本書提出的兩個建議，一是建立香港佛教界交流平台，二是開展更多跨宗教界別的分享交流。書裏面寫到：「正當世界各地因為宗教信仰而發生暴力衝突，甚至戰爭不斷，從宗教對談到推動和平共處的積極行動就更加顯得十分重要。」在這裏，我必須向兩位治學嚴謹的主筆——潘啟聰博士和黃大德博士致敬，歷時兩年多完成這本書，不僅視角獨特，而且立意高遠！看過百孔千瘡的烏克蘭，再看生靈塗炭的加沙，方知文明共鑒、和平共處的可貴。但對於遭受重創的交戰各方，這該是多麼痛的領悟呢？

在這裏，我還想感謝積極推動這本書面世的張江亭

兄的大愛 —— 前幾年香港經歷社會動盪之後，他就在不斷持續努力，嘗試通過組織抄《心經》、呼吸療法、無憂鼓等的活動，幫助身邊的朋友、同事以及社會大眾調整心情，找回快樂！我覺得，人間佛教（Humanistic Buddhism）這個理念很好，既超脫出世，又快樂入世！

香港的魅力不僅僅在於維港的絢爛多姿和風情萬種，更在於其文化的多元和精神的自由。文化多元、文明互鑒、中西共融，這些正是香港軟實力和獨特優勢的基礎。宗教的多元也是香港社會多元包容的重要體現。非常希望香港不同宗教之間這種相互尊重、相互合作的精神，也為香港長久的繁榮穩定助力，甚至能為弱肉強食、炮火連天的世界提供借鑒！

願我們的世界充滿理解和尊重，向所有默默無聞地為中西文化交流作出不懈努力的大德和機構致敬！

石柱

中國文化基金會創辦人、主席

寫於 2024 年 6 月 29 日

胡寶蘭女士贈序

我曾在中銀香港工作 40 年，6 年前退休後，我開始投入社會服務，在九龍社團聯會擔任副會長，協助會長服務近 40 萬會員，推動以「關注社會事務、維護居民權益、促進兩地交流」為宗旨的活動。我也擔任中國文化基金會項目總監，協助推廣中國文化，關注青少年和兒童的教育，開展各種慈善、公益活動，促進香港社會的和諧發展和長期繁榮，促進香港與內地及各國和地區的文化交流。

中國文化基金會的其中一個項目，是支持香港恒生大學及香港佛光山聯合成立的人間佛教應用研習中心。中心主要工作是研究及學習佛法，並應用在生活上，以行動修正自己，自渡渡他，使家庭和睦，社會和諧，世界和平。

欣見潘啟聰博士及黃大德博士對佛教在香港的人間化進行研究，把成果出版，將佛教在香港的服務寫成《慈悲在香港》一書，讓讀者有另一個角度去認識佛教，了解佛教人間化的趨勢，甚感殊勝。

退休後，我有機會學習佛法，對布施有更深入理解：財布施，我在銀行工作時，就是去支持有資金需求的企業及個人，解決他們的需要及推動社會經濟的發展；法布施，是教育老中青學術知識，能夠自立生活；無畏施，是開導受情緒影響的人，使其由迷至悟，乃至於覺醒。故此，我更能理解施比受的喜悅。

最後，希望香港恒生大學人間佛教應用研習中心繼續進行佛教人間化的項目及活動，並祝願《慈悲在香港》一書能令讀者及市民認識佛教人間化的情況；大家在條件允許下，能夠布施家人、朋友、同事乃至社會大眾。

胡寶蘭

九龍社團聯會副會長

中國文化基金會項目總監

寫於 2024 年 6 月 20 日

姚逸安先生贈序

歷史上不難看到宗教與慈善的密切關係。一者傳承多年的各大宗教都以導人向善為主，而行善濟世是彰顯善業的有效方式；二者慈善有效填補管治層為本地民眾提供福利的缺口，協助管治層更好地施政。不少理論指出，透過慈善活動，宗教能更融入社會，在推進社會發展的同時，也有效地凝聚信眾。

佛教在中國流傳逾 2,000 年，傳入香港也已超過 1,500 年。發展至今，香港已有逾 100 萬名信徒，為香港主要宗教之一。作為一個在港扎根多年的宗教，其在港的慈善事業開展情況如何？當中面對什麼困難，佛教界又如何克服？在香港經歷多番變遷後，佛教在本地的慈善事業，未來該如何向前？

多年來，學界及教界鮮有對以上問題作出有系統及深入的專門論述，本書正好補足有關的空白。兩位作者由審視港英時代福利政策與慈善及宗教組織的關係起步，探討不同宗教在港開展善業的路徑。他們參考大量學術文獻及理論，加上與教界各高僧大德進行訪談，以多維度分析佛教在香港慈善活動的發展脈絡，比較佛教與基督宗教在本地慈業事業的理念及特色，亦特別討論了佛教諮詢及心理治療在本港的開展情況。不但系統地梳理了佛教在港慈善事業的發展，解答以上問題之餘，更為佛教在港未來的善業提供多個思考點。

過去數百年，科技發展大幅改善人類的生活，但人並沒有因此而感到更快樂。究其主因，是過去數次工業革命都是重外輕內，人類物質生活提升的同時，心靈並沒有得到相應的改善；反而，消費主義對物欲的鼓吹，不斷滋長人的貪念，使現代人產生不少痛苦。佛教講求向內求，其訓練方式能有效協助現代人平靜心靈，減輕痛苦。作為在港慈善事業的切入點之一，佛教諮詢及心理治療可謂對時對機，成為香港居民疏導負面情緒的一個有效方式，改善民眾心理健康。潘啟聰博士於本書中，對目前流行的佛教諮詢模式 TIR（T－tuning in〔聆聽〕、I－identifying split〔識別〕、R－realization〔覺知〕）進行反思，認為學界研究側重於「慧」，即八正道中的「正見」，忽略了「培福」對案主的重要性，即行方便。書中提出應該福慧相增，建議在 TIR 基礎上加上 A－action（行動），形成一套更完整的 TIRA 諮詢治療體系。這正與不少教界大德提倡的「方便與慧，成佛缺一不可」修學理念一脈相承。

展望未來，本書提出（一）汲取基督宗教的經驗，建立香港佛教界交流平台，使佛教界在協調、共享和分配資源上更有效率；以及（二）推行大覺福行中心採用的義工模式，鼓勵不同界別的團體無私地進行溝通。這都是有見地的、大愛的建議，值得各界參考。

感謝兩位作者，給本地佛教界的慈善發展，作一深入、全面及獨立的思考。

姚逸安（如韜居士）

同人金融集團總裁

羅御軒博士贈序

《慈悲在香港：佛教在香港的社會關懷工作》是一部探討佛教團體在香港公益慈善工作角色的著作。這本書為香港宗教團體在公益慈善事業的研究，提供了豐富的參考資料和寶貴建議，與現代社會接軌。

現代社會急速發展，人們物質欲望不斷膨脹，卻難以獲得真正的心靈寧靜。在此背景下，由師尊釋迦牟尼2,500年前創立佛教智慧顯得尤為珍貴與重要。現代人往往過於注重外在物質的追求，很少能安下心來觀照內心世界。佛法教導我們要「從內而修」，通過正念與自我反省，找到心靈的平和與簡單快樂。這正是當下社會急需的智慧養分。佛陀提出「四聖諦」和「八正道」等教義，以及禪修的法門，為我們指明了通向解脫的正道。

根據佛陀的理念，我亦身體力行地創辦了御曦快樂國際慈善基金會（JC Happiness Charity Foundation）和香港國際精神健康協會（International Association of Mental Health HK），其核心使命是致力於提倡內的和平、愛心、智慧、健康和整體福祉。自成立以來，我們始終堅持以包容性、可持續性和深刻使命感為核心價值，致力於建立一個更美好的世界。

自佛教成立以來，一直薪火相傳，歷久彌新，將智慧與慈悲的精神廣泛傳播。在這漫長的歷史進程中，出現了許多忠實的佛教護法者，他們矢志將佛陀的教法和宗旨世代相傳。隨著佛教在不同國家和歷史時空的傳播，其形式和內涵也必須因應不同的語言、文化背景而有所適應和調整，以更好地惠及當地的眾生。在這遙遠而曲折的佛教史上，有兩位護法者特別令我難忘，他們分別是中國佛教史上的高僧玄奘法師，以及更早的古印度君主阿育王。儘管兩人活躍於不同的時空背景下，但他們都忠實地擔負起了將佛法薪火相傳的神聖使命。

玄奘法師是著名的中國佛教高僧，是漢傳佛教的重要代表人物之一。他一生致力於佛經的翻譯和弘揚，傳播佛法和創立唯識宗，為中國佛教事業作出了巨大貢獻。他曾經前往印度取經，歷經了17年的艱難跋涉，最終獲得了許多珍貴的佛經。回到中國後，他翻譯了很多佛經，其中包括著名的《心經》。他的一生體現了佛法在不同時空背景下的適應性和包容性，為我們樹立了一個很好的榜樣。

而阿育王則是更早期的印度佛教護法者，他在位期間大力支持佛教，造就了佛教在不同時空、地域和領域的發展。他是印度歷史上第一位真正皈依佛教並大力推廣佛法的君主，曾因戰爭而深感內心愧疚和悔恨。經歷心靈的洗禮後，他豁然領悟佛陀所宣揚的「慈悲為本」理念，並全心全意地投身於弘揚佛法的事業中，不但在印度大力弘揚佛教，還派遣使節將其傳播到世界不同的地方。他建立了 14,000 座佛塔和寺院，留下了許多著名的石刻佛教戒律。

從時間和歷史背景上看，阿育王和玄奘法師分別代表了佛教在印度和中國的不同發展階段。了解這樣的歷史脈絡，有助我們更好地理解佛法在不同時空下的特質和演變。時至今日，《慈悲在香港：佛教在香港的社會關懷工作》，生動地再現了佛教在不同時空背景下的薪火相傳和持續發展。通過深入梳理佛陀思想及其歷史遺產，我們不僅能夠深刻領會佛教的內在價值，更能夠洞察其在當代社會中的深遠意義。《慈悲在香港：佛教在香港的社會關懷工作》一書融合了學術考證與情感洞察，使佛教精神以嶄新面貌煥發光彩，這無疑是本書的貢獻。

羅御軒博士
兆軒國際集團執行主席
美國亞馬遜暢銷書《無憂熊貓》作者
御曦快樂國際慈善基金會創辦人
香港國際精神健康協會主席

梁佩嫻女士贈序

感謝香港恒生大學講師潘啟聰博士及黃大德博士，花了兩年時間，共同完成了一個探討佛教團體在香港進行社會服務工作的研究，並將研究資料編寫成書出版《慈悲在香港：佛教在香港的社會關懷工作》。承蒙邀請，我有機會參與訪談，拜讀此書的初稿內容後，確實有不少資料可作為未來佛教界發展關懷服務的參考及借鑒；同時，本書亦是一部佛教在香港發展社會關懷工作的歷史書！

書中提及星雲大師提倡的「人間佛教精神」，能更多的應用到以人為本的關懷服務中。

書中很詳細地講述了佛教在香港的社會關懷工作發展，由個別法師或居士的自發心開始，例如何張蓮覺居士（1875–1938）於 1930 年代開辦寶覺義學的貢獻，就是一個典型的例子。佛教在香港的社會關懷工作發展到 2000 年代，已有不少突破，例如醫院探病、臨終關懷及社區關懷、監獄探訪、佛教的心理諮商等。此外，本書亦有與基督教及天主教的社會關懷工作互相對比，可以作為以後發展的參考，內容非常全面。

此外，從研究中亦發現，佛教的社會服務並沒有一個如天主教的教廷般的組織作為統籌和推動，所以本書亦向佛教界提出類似的建議。

書中亦提出一套新的「福」和「慧」兼顧的 TIRA 諮商模式，讓學界和業界參考。

總括而言，本書內容確實豐富，亦是難得的一本為佛教界提供在香港發展社會關懷工作的參考寶籍。

梁佩嫻

大覺福行中心佛教院侍

註冊護士

寫於 2024 年 6 月 25 日

緣起

潘啟聰

佛教傳入香港至今約有 1,500 年之久。據鄧家宙《香港佛教史》所載，最早將佛教傳入香港的人是杯渡禪師。按現今所知，杯渡禪師於劉宋年間曾在香港的屯門駐足。[1]《新安縣志》中有以下的記錄：「元嘉五年（428）三月，（杯渡禪師）憩邑屯門山，後人因名曰杯渡山。」佛教在香港經歷了不同的跌宕起伏，例如朝代的更迭、空前未有的世界大戰、影響深遠的中國內戰等。時至今日，佛教寺廟的香火仍綿延不絕。香港政府發佈的《香港便覽：宗教與風俗》報告指，香港人口中以佛教和道教徒為數最多，兩者的信徒合共逾二百萬人；資料亦指佛教在香港有數百個佛教團體，而道堂宮觀則超過三百所。[2]

佛教對於香港的影響，不只為香港人提供多一個宗教選項。香港佛教團體在社會福利、醫療和教育事業上一向不遺餘力。《香港年報》以香港佛教聯合會為例，指

1 詳見鄧家宙：《香港佛教史》（香港：中華書局，2015），頁 6。

2 香港政府：《香港便覽》，〈宗教與風俗〉，網址：https://www.hyab.gov.hk/file_manager/tc/documents/whats_new/hong_kong_fact_sheets/hong_kong_fact_sheets.pdf，2022 年 7 月 25 日檢索。

出該會開辦了 13 所中學、7 所小學、8 所幼稚園，以及 6 個中醫服務單位。[3] 不只如此，除《香港年報》所述的資料外，寬忍在〈香港佛教面面觀〉一文中，更指出香港佛教團體還有置辦醫院、刊物、圖書館、安老院、慈幼院、託兒所等。[4] 周云〈香港佛教公益事業開展狀況及其啟示〉一文中指出，香港特區政府稅務局認定可以豁免繳稅的慈善機構或慈善信託機構，約有三百餘家與佛教相關。[5] 以上種種資料可見，佛教可謂與香港人的生活息息相關，對於香港社會的影響之深顯而易見。

佛教與社會的慈善工作有著莫大的關係。佛光山慈善院院長依來法師指出佛教的慈善事業早在佛陀時代就開始了。法師更認為佛陀就是世界上最偉大的慈善家。[6] 佛教傳入中土以後，亦未曾停止過救濟貧病的善舉。梁霞在回顧古代佛教的慈善工作時，指出中國古代佛教慈善醫療救濟事業是非常興盛的。[7] 到了 20 世紀初，中國佛教因兩位

---

3 香港政府：《香港年報 2020》，〈宗教和風俗〉，網址：https://www.yearbook.gov.hk/2020/tc/pdf/C21.pdf，2022 年 7 月 25 日檢索。

4 詳見寬忍：〈香港佛教面面觀〉，《五台山研究》，第 1 期（1998），頁 41–46。

5 周云：〈香港佛教公益事業開展狀況及其啟示〉，《深圳大學學報（人文社會科學版）》，第 28 卷，第 1 期（2011），頁 86。

6 依來法師：〈人間佛教的慈善理念與實踐〉，《人間佛教學報．藝文》，第 5 期（2016），頁 132。

7 梁霞：〈論唐宋佛教慈善醫療救助機構的發展及其特徵〉，《青海民族大學學報（社會科學版）》，第 1 期（2020），頁 116。

重要人物而發生影響深遠的轉型：太虛法師倡導人生佛教而重視利濟民眾；印順法師繼承人生佛教的理念，而強調建設人間淨土。時至今日，慈善事業成為了實現人間淨土非常重要的一環。

回顧有關佛教慈善工作的研究，現存的文獻雖然為數不少，然而當中大部分都是有關台灣狀況的研究，而有關香港佛教慈善工作的研究則寥寥可數。若以華文學術資料庫數據作一項簡單參考的話，在中國知網以「香港」、「佛教」和「慈善」等關鍵詞作出搜索，有 13 項結果；萬方數據有 8 項結果；華藝線上圖書館有 13 項結果；台灣期刊文獻資訊的網上搜索只有 1 項結果。若在英文學術資料庫數據作同條件的搜索（關鍵詞為「Hong Kong」、「Buddhist OR Buddhism」和「charity」），EBSCOhost 資料庫上有 2 項結果。如果將「香港」轉為「台灣」再作一次同條件的搜索，在中國知網就有 45 項結果；萬方數據有 62 項結果；華藝線上圖書館有 408 項結果；期刊文獻資訊網有 18 項結果；EBSCOhost 資料庫則有 32 項結果。以中國知網的搜索數據作參考，香港佛教慈善工作的研究自 1997 年起，每年只平穩地有一至兩份的論文刊出（見圖一)；台灣佛教慈善工作的研究則在 2009 年達到數量上的高峰，最近十年內的論文出版量亦比香港的研究多出一倍（見圖二）。

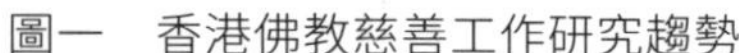
圖一　香港佛教慈善工作研究趨勢

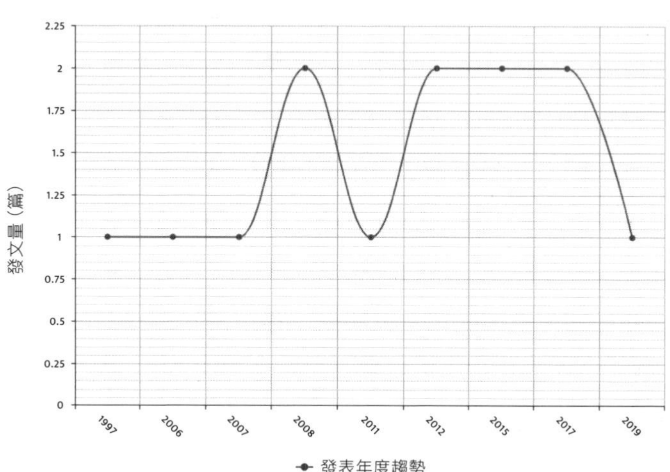

圖二　台灣佛教慈善工作研究趨勢

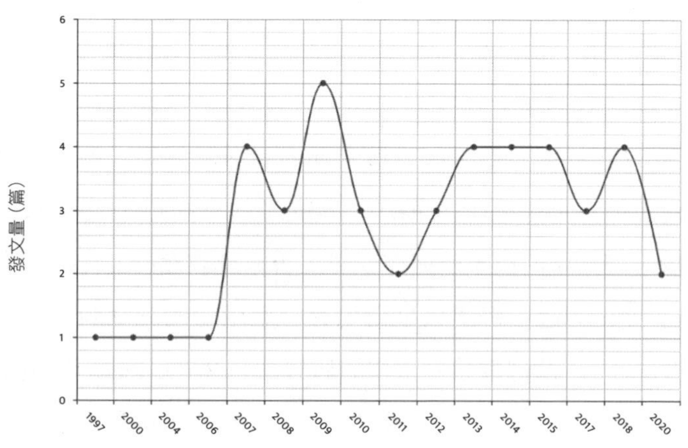

從以上的比較可知，香港佛教慈善工作在學界之中不算是研究熱點，相關的研究為數不多。

綜觀現存香港佛教慈善工作的研究，其行文著眼之處多為相關事實和數據上的展示（例如：「香港有多少間佛教背景的慈善機構？」、「佛教在香港辦了多少間學校？」、「香港佛教曾經參與過哪些救災活動？」等等）。在論文方面，周云〈香港佛教公益事業開展狀況及其啟示〉可說是現有研究的典型例子。作者在文中第一部分就列出了香港佛教公益事業的主要機構，當中包括了香港佛教聯合會、香港慈輝佛教基金會、寶蓮禪寺、佛教大光園慈善基金會，以及香港佛教文化協會。然後，文章的第二部分轉向以香港佛教公益事業基本內容為講述焦點。行文涉及了教育、扶貧、醫療、救災、青少年服務、安老服務、殯葬，以及環保八大範疇。周氏幾乎在每一個範疇都提供了一些相關數據以顯示香港佛教團體之貢獻。以「扶貧」的範疇為例，作者指出慈輝佛教基金會在 2006 年 2 月就曾為淶源縣「捐贈麵粉 1,390 袋，食品油 1,390 桶，共計人民幣 121,000 多元」，以展示香港佛教界之扶貧成績。[8] 雖然周氏於文中較後部分嘗試整理出香港佛教公益事業的特點，但是其特點之整理亦不外乎相關事實的搜

8 周云：〈香港佛教公益事業開展狀況及其啟示〉，頁 86–93。

集，例如，以陳述香港政府與非政府組織（NGO）之關係指出香港佛教界在進行公益慈善事業的優勢。楊作舟〈香港佛教簡介〉一文亦如周氏一樣，以一項又一項的數字去描述香港佛教慈善事業之概況（例如：幼稚園、小學、中學、大學共 73 所；7 所安老護理院；2 所託兒所等）。[9] 龔學增在其〈獨具一格的香港宗教文化〉談到香港宗教的慈善事業時，也是以百分比去交代慈善事業的發展概況。[10] 王亞榮〈香港佛教的現狀及其發展趨勢〉同樣以數字去交代香港佛教慈善事業的發展（佛教學校 40 所、文化、慈善事業 51 所、安老院約有 10 所等）。[11] 綜觀現存的文獻，與上述文章表述手法相似的學術論文可謂不勝枚舉。[12]

在專書方面，香港佛教公益慈善工作的研究鮮有獨立成書的論著。以筆者曾閱覽的作品而言，即使不限於香

9 楊作舟：〈香港佛教簡介〉，《法音》，第 6 期（1988），頁 42。

10 龔學增：〈獨具一格的香港宗教文化〉，《中國宗教》，第 3 期（1997），頁 49–58。

11 王亞榮：〈香港佛教的現狀及其發展趨勢〉，《中國宗教》，第 7 期（2004），頁 51–53。

12 高永霄：〈香港佛教發展史〉，《法音》，第 6 期（1997），頁 16–22；劉金光：〈佛教在香港的傳播與發展（上）〉，《中國宗教》，第 3 期（1998），頁 53–54；劉金光：〈佛教在香港的傳播與發展（下）〉，《中國宗教》，第 4 期（1998），頁 48–50；周云：〈弘揚宗教善文化，促進宗教為和諧社會建設服務 —— 以香港宗教善文化建設為借鑒〉，《時代教育》，第 2 期（2011），頁 46–47。

港的研究，不少地區性的佛教史、佛教發展，或佛教概況的研究亦未有提及佛教的公益慈善事業。當中只有極少數會為佛教公益慈善工作獨立撰寫一個章節。何勁松在其著作《近代東亞佛教》[13]提及了中國、日本、韓國三個不同地方，由19世紀中葉至20世紀初葉的佛教發展。此書共有五個章節，當中並無提及佛教公益慈善事業的內容。鎌田茂雄《中國佛教史》[14]的研究時期由「後漢三國」始至「民國革命以後」，當中主題豐富，涉及：佛教傳播路徑，傳入傳說，佛經翻譯，不同宗派、教團發展，甚至是佛教藝術方面。可是，書中並未有提及佛教在中國展開公益慈善事業的內容。鄧家宙《香港佛教史》是少有的佛教史書籍有專門撰寫類似〈佛教的慈善事業〉的章節。然而，全書共316頁，〈佛教的慈善事業〉一節僅佔22頁；可見，此領域並非該書重點。鄧氏一書作為一本史學著作，資料頗豐且多用簡表方式展示史料，對研究香港佛教者甚具參考價值；不過，其內容主要以陳述史料為主，未有對香港佛教公益慈善工作進行更深入的研究並作出理論性分析，當然這亦不能說是該書的問題。以上種種文獻的回顧可見，香港佛教公益慈善工作的主題在學界中並不是

13 何勁松：《近代東亞佛教》（北京：社會科學文獻出版社，2002）。
14 鎌田茂雄：《中國佛教史》（台北：新文豐出版，2010）。

學者的研究熱點，有待更多的關注和探索。

總括上述的文獻回顧，現存關於香港佛教公益慈善工作的研究，不論是數量上還是性質上都有待完善。在數量上，香港佛教公益慈善工作的研究十分罕見。這不論對學界還是對業界而言都不理想，難以發揮互相參考和溝通的效用。在性質上，儘管學界中仍有一小部分論著可供參考，可是它們大多數只是在陳述相關事實和數據。這類論著未能深入了解實踐者之經驗，更遑論汲取實踐經驗的成敗以作未來發展和進步之參考。是次研究之緣起，正為了彌補學界現存的不足，嘗試在前賢珠玉面前更進一解。是次研究以質性研究法深度訪談的方式，訪問了來自佛教界的學者、公益慈善工作的業界人士、精神健康的醫護及專家等共八位受訪者，期望收集和了解他們的經驗，分析他們在香港工作的優勢、困難，以及解決困難的方法。藉是次研究分析所得，筆者希望為學界和業界提供一些有用的參考，在計劃未來發展時能夠吸納其他實踐者之長處。本研究的結論不啻為佛教在香港之發展提供參考，亦為其在許多與香港相似的大都市發展時提供可資參考的資料。

各章簡介

是次研究希望同時為學界和業界帶來有用的參考。故此，此書盼能深入淺出地回應以下一些問題：宗教團體在香港的公益慈善工作扮演著怎樣的角色？香港的公益慈善工作已有政府及非牟利團體分擔，由宗教團體提供的服務有什麼不同？在香港這多元化的社會中，宗教團體的身分有沒有什麼優勢？業界人士有沒有什麼辦法可以強化已有的優勢？在香港這多元化的社會中，宗教團體的身分有沒有為服務提供者帶來什麼困難呢？面對宗教團體身分帶來的困難，業界人士有什麼方法克服它們呢？業界人士對於未來有什麼展望呢？筆者在首章開宗明義，先指出研究將會探討的問題，希望讀者們在閱畢拙作後能找到答案。

以下是各章簡介。

第一章〈緣起〉，主要為了簡介是次研究而寫。此章提及是次研究的背景、展開原因、相關文獻的回顧，以及提綱挈領地指出是次研究的一些核心問題。

第二章〈宗教與香港社會服務小史〉，主要回應「宗教團體在香港的公益慈善工作扮演著怎樣的角色？」和「香港的公益慈善工作已有政府及非牟利團體分擔，由宗教團體提供的服務有什麼不同？」兩個問題。此章可以視為香港宗教參與本地社會服務工作的發展簡史。

第三章〈走進社會關懷工作的佛教〉，主要回應「在香港這多元化的社會中，佛教團體的身分有沒有為服務提供者帶來什麼困難呢？」、「佛教團體有沒有什麼辦法可以強化已有的優勢？」、「面對佛教團體身分帶來的困難，業界人士有什麼方法克服它們呢？」及「佛教團體的業界人士對於未來有什麼展望呢？」等問題。當中詳述研究背景、設計及過程，佛法相關的諮商方法在香港的情況，以及佛教團體在香港進行與醫院探訪服務之經驗分享等內容。

第四章〈對於佛教社會服務的反思〉，主要為筆者進行是次研究後對現存佛教心理和諮商理論的一些反思。此章內容涉及佛教、心理學及心理治療小史，回顧現存研究之問題，反思後提出新的佛教諮商模式 —— 筆者稱之為 TIRA 模式。此章之重點在於從三方面論述「培福」的重要性，而且是佛教諮商不可忽視的一環：第一，在佛經中找出對「福」的描述，以支持「福」對於滅苦的重要性；第二，反思現存研究收集回來的訪問資料，指出學者們忽視了「培福」在案主心目中的意義；第三，以大覺福行中心「福慧雙增」的義工設計作為一例子。

第五章〈基督宗教與香港社會服務〉，主要嘗試了解「基督宗教有何種服務社會的理念呢？」、「基督宗教面對處理宣教和服務人群，孰輕孰重？」、「教廷、教會是佛教的結構中所沒有，它們在基督宗教進行社會服務扮演著怎樣的角色呢？」、「佛教與基督宗教之間到底有哪些異同之處？」等問題。此章會從宗教神學和哲學理念探討基督宗教參與社會服務的倫理關懷，並且介紹幾個本地著名的基督教與天主教社會服務團體，最後以佛教與基督宗教在社會服務的參與及慈善工作作業模式進行類型性比較，並作總結性分析。

第六章是本書的總結。

02

宗教與香港社會服務小史

黃大德

香港政府刊印的《香港便覽》之〈宗教與風俗〉及《香港年報 2022》第七章之〈民政和青年事務〉所載資料可知，香港的宗教信徒人口佔全港人口總數約一半之多，包括有逾 100 萬名佛教徒、逾 100 萬名道教徒、逾 130 萬名基督徒（包括約 104 萬名新教徒、約 40 萬名羅馬天主教徒，以及東正教和其他基督宗教團體之信徒人數）、逾 30 萬名穆斯林、逾 10 萬名印度教徒、約 1.2 萬名錫克教徒、逾 5,000 名猶太教徒，以及瑣羅亞斯德教和巴哈伊教信徒等。[1] 當中基督教、天主教、佛教、道教、孔教及伊斯蘭教，統稱為「香港六大宗教」。[2] 這六大宗教與香港市民的

1　關於香港各個宗教信徒人口的數目，可以參考香港政府：《香港便覽》，〈宗教與風俗〉，網址：https://www.hyab.gov.hk/file_manager/tc/documents/whats_new/hong_kong_fact_sheets/hong_kong_fact_sheets.pdf，2024 年 8 月 6 日檢索；香港政府：《香港年報 2022》，〈民政和青年事務〉，頁 83–86，網址：https://www.yearbook.gov.hk/2022/tc/pdf/C07.pdf，2024 年 8 月 6 日檢索。

2　「香港六大宗教」的統稱，源自這六個宗教的代表於 1978 年召開第一次「香港六宗教領袖聯席會議」，及後每年聯合發表新春賀文，又定期向政府提出意見，以及籌辦官式十．一國慶酒會等。就連《基本法》也確認六大宗教為「宗教界」的代表，在特首選舉委員會中佔 60 席，六大宗教團體分別各佔 10 席。詳情可參考顧新榮：〈香港只有六大宗教是誰說的？〉，《獨立媒體》，2016 年 10 月 17 日；梁逸風、林炳坤：〈剖析宗教界 —— 為何宗教界選委只限六宗教？政府也無明確解釋〉，《香港 01》，2017 年 2 月 18 日。

生活可謂息息相關，而且在社會上相當活躍，積極投入慈善事業。

六大宗教團體一向予人「熱心公益、服務貧苦大眾、推動社會慈善事業」的正面印象，早已深入民心。雖然「慈善團體」未必等於「宗教團體」，但是「宗教團體」就多數是「慈善團體」。假如將「宗教」與「慈善」兩者劃上等號，也不為過。當然，宗教團體存在的首要目的是為了導人入教，慈善服務便可作為傳教的一個方便法門，也同時實踐了參與社會服務的道德責任。「為善最樂」或「助人為快樂之本」，這「利他主義」的倫理原則，正是所有宗教團體參與慈善服務的信念，鼓勵教徒去努力實踐「善行」，於「助人」的行動中找到幸福快樂的意義。本章嘗試回應「宗教團體在香港的公益慈善工作扮演著怎樣的角色？」和「香港的公益慈善工作已有政府及非牟利團體分擔，由宗教團體提供的服務有什麼不同？」兩個問題。本章將分別介紹香港社會關懷工作發展、宗教與社會關懷工作的關係，以及簡述香港宗教參與本地社會服務工作的發展史。

香港社會福利服務發展概述

環顧世界各地，社會福利服務的政策和制度一向都是各國、各地政府和人民最關注的民生議題。如何制定和發展社會福利服務的政策和制度，更是建設一個幸福快樂社會的基礎。在香港市民心目中，社會福利服務一般都被理解為「慈善救濟」或「扶貧賑災」的行動，由政府的社會福利署承擔，也有民間志願機構和宗教慈善團體的參與，一方面主動呼籲市民捐款，另一方面為貧苦大眾提供教育、醫療、家居或社區等各種服務。

然而，這樣的理解過於表面又簡化。據研究香港社會福利的學者周永新指出，社會福利的定義不只包括各式各樣的服務和制度，而且更指向其背後的理念和原則，以及政府在教育、醫療、房屋、勞工、家庭和社區發展等議題上所推行的社會政策（social policy）。[3] 馮可立認為，社會福利一般所指就是關乎「民生狀況」的整體福利，也可以是「為一某一類社群而制定的政策措施，是『社會中的福利』（welfare in society）」，即是為邊緣或弱勢社群提供基本服務和協助，例如窮人、病人或老人等。簡單概

3 周永新：《社會福利的觀念和制度》（香港：中華書局，1990），頁 4。

括，社會福利就是「扶貧」與「解困」。[4] 的確，香港的社會福利服務的各個發展階段，與政治、經濟、社會民生及歷史等物質條件的演變息息相關，也反映了政府的管治理念、傳統華人的家庭觀念、公民政治參與、宗教價值關懷及流行文化思潮的影響。

從社會政策指導社會福利推行的標準來看，香港社會福利服務的發展可以分為兩個階段。[5] 所謂前期階段，一般是指以香港開埠起計至戰後的 1950 年代，當時香港的人口結構以南來華人移民為主，而港英政府的殖民管治從未直接介入參與和規劃社會服務工作；反而是由民間組織、外國或國際救援組織主動承擔，自發地開展慈善救濟工作。正如呂大樂所指，當時政府處於「第二線」做「後衛」，民間團體充當「前鋒」。[6] 這些民間團體（包括華人社團、志願機構及宗教團體）在兩次大戰、瘟疫流行及難民湧入香港的時期都發揮了積極作用，應付社會救急的需

4 馮可立：《貧而無怨難：香港民生福利發展史》（香港：中華書局，2018），頁 1–2。

5 可參考馮可立《貧而無怨難》的第 1 章〈香港民生福利的整體發展〉及第 2 章〈社會福利政策規劃、行政及財政的演進〉，分別從整體概述與社會政策兩個角度呈現香港社會福利服務的發展史。見馮可立：《貧而無怨難》，頁 22–150。呂大樂的《凝聚力量 —— 香港非政府機構發展軌跡》（香港：三聯書店，2010）則以非政府機構或志願社會服務組織發展史的角度，去講述香港社會福利服務從殖民時代到回歸後的演變。

6 呂大樂：《凝聚力量》，頁 19。

要，例如東華三院、保良局、天主教修會、基督教差會團體，以及佛教和道教的慈善團體等。他們的救濟工作無疑是受傳統華人慈善觀念、家庭關係及佛教布施精神所影響，也被天主教與基督教的博愛精神和人道主義理念所啟發。這種民間慈善事業的模式一直維持至戰後早期。那時香港處於百廢待舉之際，政府未有能力和資源策劃社會服務的工作，只好借用民間組織的力量解決社會問題。直到 1953 年石硤尾大火之後，政府才有意處理往後公共房屋的興建計劃，著手制定社會福利政策，標誌著全新階段的開始。[7] 這也是港英時代的前港督戴麟趾爵士（David Trench）在 1972 年離任前提及需要改善香港社會福利政策的緣由。[8]

至於後期階段，就是指從 1960 年代一直到 1997 年回歸後的時段，港英政府直接介入社會福利的公共事務，制定社會政策，有計劃推行及發展社會服務，不少民間組織和宗教團體也成為政府政策推行的合作伙伴，達到有效的管治效果，及至目前特區政府也大體上沿用這套社會福利服務的經營模式。正如周永新所言，「嚴格來說，香港各項社會服務 —— 教育、醫療、房屋、福利 —— 的

7　周永新：《社會政策的觀念和制度》（香港：中華書局，2013），頁 3。
8　周永新：《社會政策的觀念和制度》，頁 65。

發展只是第二次世界大戰結束後才開始的事」。[9] 在 1960 年代早期，有關教育、醫療及房屋的政策文件相繼公佈之後，港英政府於 1965 年第一次以「社會福利工作」為主題發表《香港社會福利工作的目標與政策》白皮書，反映政府開始加強對社會福利的關注，但仍採取被動、不介入的態度。踏入 1970 年代，正是香港社會福利服務發展的黃金年代。港督麥理浩爵士（Murray MacLehose）是當時社會福利制度改革的背後推手，改善了醫療、教育、房屋及社會福利這四個所謂建設香港社會「四大支柱」之發展，所以 1970 年代也被譽為「麥理浩的福利黃金年代」（MacLehose Years）。[10] 1973 年，政府發表第二份有關社會福利的《香港社會福利的未來發展》白皮書，比先前更積極回應民生訴求，對各種服務列出發展計劃。1979 年，政府發表第三份有關社會福利的《進入八十年代的社會福利》白皮書，特別就社會保障、勞工就業、青少年教育、家庭支援、老人照顧及社區發展等課題，制定具體的服務計劃。1991 年，政府再發表第四份有關社會福利的

---

9 周永新：《社會政策的觀念和制度》，頁 3。

10 周永新：《社會政策的觀念和制度》，頁 67；馮可立：《貧而無怨難》，頁 68。麥理浩上任港督後，積極完善公共援助計劃的政策，並且調高金額及擴大受惠對象，又肯定宗教團體及民間社福機構在社會服務參與上的角色與貢獻，成為香港政府社福政策思維方向發生轉變的分水嶺。

《跨越九十年代的社會福利》白皮書，繼續就兒童、青少年、老人、社會保障及支援服務等項目訂立具體的實踐目標。[11]

綜觀以上四份白皮書以及其他相關的諮詢和決策文件，港英政府制定社會福利服務政策的思路具有以下特點。首先，政府以「行政主導」的方法制定社會福利政策及落實推動各項社會服務，從而解決社會問題。這些社會政策以服務類別作區分，並且有相應的委員會負責研究，提供諮詢性意見，例如教育統籌委員會、健康與醫務發展諮詢委員會、社會福利諮詢委員會、勞工顧問委員會和房屋委員會等；其政策的執行則交由不同政府部門負責，例如福利政策由社會福利署負責、醫療政策由醫務衛生署負責等。[12] 其次，政府雖然在社會福利政策的制定和推行上扮演主導者的角色，履行管治者的責任，然而在執行政策方面也會依賴民間組織及宗教團體的協助，透過他們配合政府的政策而經營社會服務，形成一種「合作伙伴」的關係。政府也可以藉此善用民間社會的力量，分散管治風險，來穩定社會的既定結構，從而達致有效的管治

11 周永新：《社會政策的觀念和制度》，頁 189–191。

12 周永新：《社會政策的觀念和制度》，頁 65。

結果。[13] 此外，1990 年代回歸前夕的香港社會福利政策，往往與政治活動互相牽連，就如周永新所指的「社會福利政治化」或馮可立所言的「福利政治」，一反以往「非政治化」的取向。究其原因，一方面是立法局在 1990 年代初引入地區直選議席，社會福利政策成為政治團體的競選議題，選民以選票方式爭取社會福利；另一方面，香港市民的公民意識隨著公民社會的發展而日趨成熟，「社會福利」被視為受到法律保障的權利。[14] 還有，香港社會福利服務轉向「市場化」或「私營化」趨勢，源於 1980 年代起不少政府提供的社會服務開始逐步設立收費制度，除了開拓在稅收以外用來經營社會服務的財政來源，也可以減輕政府在福利開支上的負擔；而且也令非政府機構可在市場競爭規律的基礎上保持優質的服務。最後，綜觀港英政府制定及執行社會福利服務政策的背後意識形態，無疑是以歐美國家的資本主義與自由主義為基礎，強調積極不干預自由市場的理念，並且以法律保障私有制，拒絕轉向「福利主義」（Welfarism）或「福利國家」（Welfare State）的

---

13 馮可立認為，港英政府的福利角色相當被動，根本是「勉為其難」地處理福利問題，「對民生福利只是採用一套極為短視及狹窄的政策取向，美其名是實用主義，其實是不願意主動承擔長遠及全面的民生福利責任」。見馮可立：《貧而無怨難》，頁 viii。

14 周永新：《社會政策的觀念和制度》，頁 71–74；馮可立：《貧而無怨難》，頁 77–83。

發展，以免政府獨力承擔龐大的財政開支及負債，造成資本主義制度的危機。

在1997年回歸後，香港特別行政區在《基本法》訂明「一國兩制」的原則下繼續奉行原有的資本主義制度，而不實施社會主義的制度和政策。根據《基本法》第36條：「香港居民有依法享受社會福利的權利。勞工的福利待遇和退休保障受法律保護。」但凡有關教育、醫療、房屋、勞工、社會保障及其他社會福利措施，一概都在既有的經營基礎上，按當時的經濟條件和社會需要，繼續發展和改進。原先為大眾提供社會服務的民間組織及宗教團體也繼續得到政府的資助，並且獨立運作，與政府保持一貫的「合作伙伴」關係，沒有改變。2001年，社會福利署實行向非政府機構提供「整筆撥款」(Lump Sum Grant)的資助，省卻原先申報資助的繁複程序，令機構可以更有效率地使用資金和更靈活地提供服務。然而，這項措施卻引發了市民對社會福利服務越趨商業化發展的疑慮，受到大眾輿論批評。

宗教與社會福利服務的關係

作為構成社會的一員，宗教信徒或團體參與社會事務乃常見事情。對於迴避或拒絕參與俗世社會事務的保守宗教團體，宗教信仰純屬「私人事情」或個人心靈寄託，與公共事務及社會服務從來都沾不上邊。然而，在人類歷史上，大多數傳統宗教團體總會鼓勵信徒參與社會事務，做一名良好公民，以追求公益、惠及社會民生作為目標。在各種社會事務中，例如選舉議員、傳播出版、文藝工作、環保關懷和康樂活動等，社會福利服務成為宗教信徒最慣常、也最樂意參與的一種「善事」。據賽勤所言：「所謂『社會服務』，是指非官方機構向公眾提供的非營利性質的公益服務，在日常生活中，人們稱之為『慈善公益事業』。一般認為，社會服務淵源於慈善事業，最簡單的定義就是，慈善是『人類之愛』，體現在實際的善行之中。正是這種對人的友善，使人們自願將其錢財、時間和力量貢獻於為人類的福利、健康、品質、精神、心靈和進步文化服務的聯合事業與機構。」[15] 其實，慈善（Charity / Philanthropy）就是一種對有需要者提供幫助的一種人道主義行為。這份關懷行動總會跟「施捨」（Alms）或「布施」（Dāna）相關，即是「施予者」出於憐憫及同情，自願地、無條件地、無分彼此、不計算利益及不問回報地，向「受予者」贈與物質或精神的幫助，例如捐贈金

15 賽勤：〈淺談當今我國基督教的社會服務〉，收入李志剛主編：《基督教與社會服務》（香港：基督教文藝出版社，2010），頁 127。

錢、食物、衣服或其他物資予有需要者，又或者免除他們債務的負擔等。

無論宗教或非宗教的社會服務都被定義為一種慈善行動，源自人類崇尚普世大同價值的「博愛」（fraternity）、「人道主義」（humanitarianism）或「利他主義」（altruism）精神，其服務對象無分彼此，不分種族、性別、階級，乃至政治或宗教信仰。縱使都是同一種慈善行動，然而宗教和非宗教的社會服務還是在價值關懷上有所區別。宗教強調「超越性」（the Transcendent）向度，肯定在世俗層次以外尚有「神聖」（the Sacred）的價值關懷。20 世紀德國新教神學家保羅．田立克（Paul Tillich）在 1957 年出版的《信仰的動力》（*Dynamics of Faith*）提出，宗教就是人類的「終極關懷」（ultimate concern）。[16] 當代新儒家哲學家劉述先也認同，「宗教所關懷的是超越可見世界以外的存有」，例如儒家傳統追求「天人合一」的理念，就是對於「超越」的信仰與祈嚮。[17] 至於 19 世紀末的法國社會學家愛彌爾．涂爾幹（Émile Durkheim）在其 1912 年出版的經典名著《宗教生活的基本形式》（*Les formes*

16 田立克著，魯燕萍譯：《信仰的動力》（台北：桂冠圖書，1994），頁 1。

17 劉述先：〈論宗教的超越與內在〉，《二十一世紀》，總第 50 期（1998 年 12 月），頁 99–101。

élémentaires de la vie religieuse）指出：「宗教是一種既與眾不同、又不可冒犯的與神聖事物有關的信仰和儀軌所組成的統一體系，這些信仰與儀軌將所有信奉它們的人結合在一個被稱為『教會』的道德共同體內。」[18] 由於信仰「神聖」，宗教組織透過連串重複的儀式來凝聚及整合信眾，形成一個持守共同道德價值的群體。既然宗教是一個「道德共同體」，那麼慈善福利或社會服務就不能不是構成宗教倫理實踐的一個重要環節。換言之，宗教的社會服務也是跟人類追求神聖的價值相連，超越「為善最樂」的效益倫理（utilitarianism）或利他主義原則，為慈善賦予一層宗教性意義，例如功德、救贖、解脫或覺醒等靈性關懷。依賽勤觀察，宗教的社會服務具有狹義與廣義之分：狹義是指為窮困、老弱、孤寡、病患、傷殘及受災的服務對象給予幫助，通常是以即時性或實用性的行動為主，例如扶貧、安老、醫護及心理輔導等；廣義是指為服務對象提供可以改善生活條件、提升文化素質及更新觀念的服務與幫助，較為重視文化性、理念性與制度性的行動，例如戒酒戒毒、社區康樂、文藝教育工作等。[19] 正所謂「宗教乃慈善之

---

18 涂爾幹著，渠東、汲喆譯：《宗教生活的基本形式》（上海：上海人民出版社，2006），頁 42。

19 賽勤：〈淺談當今我國基督教的社會服務〉，頁 127。

母」，又謂「行善積德，福有攸歸」、「做善事積陰德」，這些俗話都成為華人社會在日常生活中所表現的一種倫理及宗教態度。據陳慎慶所指：「不論在中國和西方社會，宗教和社會福利服務均有著極為密切的關係。」[20] 例如，佛教和道教的修行與功德，鼓勵教徒行善，對中國傳統社會的慈善事業發展發揮積極作用；至於基督教的倫理實踐，強調信徒要虔誠、行善、關懷婦孺和客旅，主導了西方社會福利事業發展的方向。[21] 簡而論之，社會福利服務的參與是宗教信仰的一個社會面向，即是一種「社會作用」或「社會功能」。

從涂爾幹宗教社會學到結構功能學派（structural functionalism）的角度看，宗教社會服務是宗教組織所表現的一種「社會性行動」(social action)，具備「社會功能」(social function) 的意思。但凡社會上任何地方存在需求，就總會有為了滿足這種需求的社會組織、體系及其行動相繼形成，宗教社會服務的產生與發展也是一樣。[22] 這種理解符合功能學派一向重視宗教如何對社會系統發揮功能之觀點。所謂「社會」，就是由各種制度及體系所相互平衡

---

20 陳慎慶：〈香港基督教社會福利事業的發展〉，《中國神學研究院期刊》，第 55 期（1998），頁 65。

21 陳慎慶：〈香港基督教社會福利事業的發展〉，頁 65。

22 賽勤：〈淺談當今我國基督教的社會服務〉，頁 128。

而構造的一個機制，從中透過規範來約束每位社會成員的行動，達到維持社會秩序、穩定和團結的局面。既然任何宗教都以社會大眾作為傳教對象，宗教便能夠成為整合社會各個部分的一個社會制度（social institution），設定道德禁忌來規範個人行為，以及為社會成員提供人生意義和價值而免於陷入失序狀態，例如抑制罪案及自殺問題。正如關銳煊的理解，將宗教理解為「制度化的人類行為的一種形式」，即是「宗教把現實社會上的不確定性，不可能性以及人類社會制度化的秩序所帶來的失望和挫折重新賦予終極意義，使人們有可能去接受和適應它們」。[23] 吳水麗也有相同的看法：「宗教是存在於社會上的一種制度（social institution）。作為一種社會制度，必然具備某些社會功能，另一方面，大部分的宗教，其教理也有涉及其信仰所蘊含的社會功能。」[24] 宗教社會功能的實現最能夠在其社會服務的參與上被看見。一般而言，宗教社會服務所表現的社會功能具有以下特性：[25]

---

23 關銳煊：〈論香港基督教與社會服務的關係〉，收入李志剛主編：《基督教與社會服務》，頁 109–110。

24 吳水麗：〈宗教的社會服務角色 —— 以基督教在香港的經驗為例〉，收入李志剛編：《宗教的社會功能》（香港：基督教文藝出版社，2004），頁 106。

25 賽勤：〈淺談當今我國基督教的社會服務〉，頁 128–130。

1. 宗教傳統發展的內在要求

宗教組織參與社會服務完全符合自身教義及倫理準則的內在要求，也具有自身組織的發展需要。雖然所有宗教信仰均有超越性向度、尊崇神聖的價值，但是其存在的條件仍然依賴於社會、歷史及文化環境的制約。由此可見，宗教組織必然與社會發展構成關係，具有一定的社會角色和職責，甚至有救苦救難、普渡眾生的責任，懷有拯救社會的熱心，其教義闡釋和道德訴求便成為宗教參與社會服務的推動力與理據。例如佛教的布施與淨土、基督宗教的施捨與上帝國，以及伊斯蘭教的天課與天國等。

2. 融入現代社會的重要方式

與傳統社會不同，隨著科學化與世俗化（secularization）在現代歷史上的擴展，宗教不再是高於一切的制度，也不再是涵蓋萬事萬物的詮釋框架以及論證人類行動的理由，其在社會中扮演的角色日漸縮小，不再規範政治、經濟、社會及文化領域。宗教影響力的減退，首先是政教分離，然後又逐漸與道德、法律及教育分離，最後與社會公共生活及日常事務分離，邁向邊緣化乃至私人化 —— 從公共領域退到私人領域，宗教變為私人事情而已。[26] 為了延續自身存在和發展的理由，宗教團體不得不重思神聖與世俗的關係，展現關懷、參與及融入社會的方向，社會服務便成為宗教組織參與現代社會生活的一個重要方式。

3. 推動社會發展的重要角色

宗教團體投入慈善事業的發展，在不少西方社會都被當作「非牟利組織」（non-profit organization）之「第三部門」（the third sector）看待，可享有免稅資格，捐款予它們的人士亦可享有減稅或免稅優惠；社會期望慈善團體可以分擔慈惠責任，令社會大眾因善款增加獲得更多福利。[27] 香港大多數宗教團體都根據《稅務條例》第 88 條所指，被界定為「公共性質的慈善機構或慈善信託」，可合規格收取「認可慈善捐款」，並且成為獲豁免繳稅的團

26 林本炫：〈宗教與社會福利〉，收入林萬億等著：《台灣的社會福利：民間觀點》（台北：五南圖書，1995），頁 146。

27 第三部門（the third sector）又稱為「志願部門」（voluntary sector），多指在第一部門「公營部門」（public sector）與第二部門「私營部門」（private sector）以外，那些既非政府單位，又非民間社會私營企業單位的稱呼，例如慈善團體，其組成目的以公益服務為主，並獲豁免繳稅義務等特質。關於宗教團體與公益慈善團體或志願團體等「第三部門」之關係，可參考林本炫：〈宗教與社會福利〉，頁 133–140。

體，教徒捐獻也可以免稅。[28] 由此可見，宗教組織從事社會服務工作，在世俗社會中發揮非政府民間組織或志願團體的社會功能及積極作用，一方面可以維繫社區網絡的團結，穩定社會秩序的需要；另一方面也可以推動經濟發展，造就社會福利產業的形成，建設公益事業。而且，宗教組織幫助政府實行社會福利政策及服務，善用資源，分擔責任及風險，與政府建立良性的合作伙伴關係，達到良好的管治效果。

4. 信眾集體行動的凝聚力

宗教團體經營的社會服務事業是一種滿全倫理責任，超越效益計算及行善為樂之快樂主義哲學（Hedonism）的慈善活動。這種慈善活動建基於信眾內心的信仰，具有敬虔的情操，能夠為宗教團體帶來凝聚力，形成強大的集體行動，令信眾對團體產生歸屬感，相比任何世俗或非宗教慈善組織更具有號召力和感染力。而透過媒體的宣傳，更容易獲得普羅大眾的支持。

綜觀以上討論，在現代世俗社會中，宗教與社會

---

28 詳參《香港法例》第 112 章《稅務條例》第 88 條〈對慈善團體的豁免〉，網址：https://www.elegislation.gov.hk/hk/cap112!zh-Hant-HK，2024 年 8 月 6 日檢索。

福利的關係，並非是效益主義下可以數量計算所得的成果；亦非是工具理性作業下作為官僚架構的技術性使用，純粹是協助政府提供、開發及分配社會福利資源。與非宗教慈善團體及社會服務相比，宗教與社會福利的關係必然涉及價值關懷的問題，甚至根本上是一個關於宗教如何展現其「社會教義」（social teachings）的問題，涉及宗教與社會兩個形態的本質及其發展，尤其是宗教信仰在世俗社會上之功能與其角色的問題。正如林本炫所言：「宗教團體對於社會福利的提供，乃是出於宗教對社會的關懷，而這種關懷乃是源自於其教義中的有關社會或者人類的宗教思想。」[29]

香港宗教走入社會福利工作

自 1841 年起，英國政府在香港實施殖民管治，計劃打造一個在遠東地區對外開放的貿易港口，方便經商。除了賺取經商利益之外，任何與社會福利服務相關的工作，從來都不是英國政府管治香港想要達到的目標。早期香港的社會福利服務，主要是依賴民間組織以自發救濟行動的方式出現，分別由華人社團和宗教團體來承擔。顯

29 林本炫：〈宗教與社會福利〉，頁 149。

然而見，香港本地華人社團參與社會福利服務的建設主要是受到傳統中國儒家倫理重視「家庭姻親」和「修身立德」的價值關懷所影響。據林本炫解釋：「傳統中國的社會福利事業，主要是由具有血緣與地緣性的宗族與鄉里組織所負起。至於脫離或是不願受血緣與鄉里組織照顧的不幸人口，則主要由官府與地方仕紳所興辦的福利事業來照顧。」[30] 然而，由於當時香港社會人口主要由來自中國內地南來移民所構成，大多數移民都沒有了原先在故鄉的家庭的倚傍，未有得到支援協助，故此華人社團的救濟工作變得相對重要。例如各類型的宗親會及同鄉會，也有東華三院（1870 年成立）和保良局（1878 年成立）相繼成立，兩者被譽為香港歷史悠久及規模最大的非宗教性民間慈善機構。這些華人社團為當時貧苦大眾提供贈醫施藥、錢財接濟、興辦義學、殯儀廟祀等關懷協助，及後又向民眾提供醫療及其他福利服務，直到今天，從未間斷。[31]

---

30 林本炫：〈宗教與社會福利〉，頁 145。

31 關於東華三院及保良局在香港的歷史發展，可參考東華三院網頁中「關於我們」，網址：https://www.tungwah.org.hk/about/introduction/，2024 年 8 月 6 日檢索；以及保良局網頁中「關於保良局」，網址：https://www.poleungkuk.org.hk/about-us/about-po-leung-kuk，2024 年 8 月 6 日檢索。

與此同時，宗教團體在香港社會福利工作上的參與正是一股促成香港社會福利體制形成的進步力量，其發展演變為日後本地慈善事業模式的主流方向。首先，就以香港佛教為例，目前有不少本地佛教團體都是繼承民國初年太虛大師「人間佛教」的傳統，積極投入社會服務工作，促使佛教現代化發展得以實現。由戰後至今，本地佛教團體一直都落力為普羅大眾提供醫療、教育、安葬及濟貧等福利，例如 1945 年香港佛教聯合會開辦西醫贈診所、1956 年般若精舍設立慈光西醫贈診所、1961 年寶蓮禪寺開設大嶼山佛教療養院、1971 年第一間「香港佛教醫院」落成等；在 1969 年，更有香港第一所以現代教育模式興辦的佛教大專學府「能仁書院」的成立，又有 1960 年代在柴灣哥連臣角興建的佛教墳場，以及 1970 年代於東涌落成的佛教青年康樂營等。[32] 此外，在歷史發展上沿襲中國道教「正一」和「全真」兩大宗派傳統的香港道教團體，繼續發揚「利物濟世」的精神，投入慈善事業，其著名道堂包括嗇色園（1921 年成立）、蓬瀛仙館（1929 年成立）、青松觀（1950 年成立）及圓玄學院（1950 年成立），為民生大眾提供教育、醫藥、安老、濟貧，或齋醮

32 本段關於香港佛教慈善事業的簡介，主要參考鄧家宙：《香港佛教史》，第 4 章，第 4 節，〈佛教的慈善事業〉，頁 198–210。

祈福等服務。[33] 創辦於1921年的嗇色園，是本地歷史悠久而又成功地實行現代化管理的道教團體，主要以管理廟宇黃大仙祠為主要工作，又以「普濟勸善」的精神推廣福利服務，興辦不少學校、診所、幼兒園及安老院或長者服務中心。[34] 另外，香港儒教團體以創立於1930年的香港孔教學院為代表，其淵源來自清末民初康有為倡議的孔教運動，以弘揚孔孟儒家精神為目標，縱然未有設立任何正式宗教場所，仍然推廣教育，興辦學校。[35] 最後，香港伊斯蘭教團體以信奉「遜尼派」居多，其次為「什葉派」，其教徒人口包括本地華人、東南亞、南亞、中東及非洲族群，當中較為積極參與社會服務的本地穆斯林組織，有中華回教博愛社（1917年成立）、香港回教婦女會（1953年成立）及香港穆斯林聯會（1997年成立），其福利服務對象一般都以穆斯林為主，也有參與無分宗教背景的社福慈善及教育工作，例如興建學校和經營安老院。[36]

---

33 參考游子安編：《道風百年 —— 香港道教與道觀》（香港：道教文化資料庫及利文出版社，2002）；梁德華主編，游子安等撰文：《利物濟世：香港道教慈善事業總覽》（香港：香港道教聯合會，2011）。

34 參考陳慎慶：〈道教在現代社會的轉變：以香港嗇色園作為研究個案〉，《輔仁宗教研究》，第16期（2007年冬），頁109–130。

35 參考孔教學院：《敬教勸學八十載：孔教學院八十周年院慶》（香港：孔教學院，2010）。

36 參考霍揚揚：《獅子山上的新月：香港華人穆斯林社群的源流與傳承》（台北：秀威資訊，2020）。

相較於華人社團、其他教宗團體或民間組織來說，基督教和天主教在香港參與社會福利服務或慈善事業發展上扮演了主導的角色，也是香港戰後以來社會福利體制的首要創辦者與承擔者，分擔了政府管治的職能，跟整個社會福利制度的組織與發展密不可分。[37] 在香港開埠初期，港英政府並未投入任何資源或設定計劃去建立一套社會福利政策與制度，其參與和推動的角色確實不多。直到二次大戰後，政府又以「積極不干預」自由市場的理念來管治香港，避免香港社會轉向發展成福利主義社會。為要達到穩定社會的管治效果，以基督教為國教（The Church of England / Anglican Church）的英國政府便傾向依賴基督教和天主教團體的宗教組織功能來分擔經營社福服務的成本、責任及風險，向市民提供社會服務。這促成教會與政府開始發展成互惠互利的合作伙伴關係。換言之，政府可以在社會服務工作上省卻龐大的開支，又同時透過

---

37 據香港政府在 2022 年出版的《香港年報》指出，目前基督教團體開辦了 5 所專上院校、130 所幼兒園、260 所幼稚園、206 所小學和 180 所中學；此外，營辦 8 所醫院，提供 52 項醫院院牧事工。另有 160 家社會福利機構，包括逾 130 個專為家庭及青少年而設的中心、11 所兒童院、182 所長者中心和護老院舍，以及約 60 個專為戒毒者和殘疾人士而設的復康中心，亦提供 3 項監獄牧靈服務及 1 項機場牧靈服務，並營辦約 30 個營地。至於天主教教會在本港有 249 所天主教學校和幼稚園，另有 6 間醫院、10 間診所、47 個社會及家庭服務中心、23 所宿舍、15 所安老院和 34 個康復服務中心。

社福服務作為發揮穩定社會作用的管治工具，繼續維持有效管治；而教會團體也日漸成為管治體制的一部分，從中獲得政府資助而發展社會服務工作，同時也達到傳教佈道和吸納信徒的目的。就在這種客觀條件的誘因之下，香港的教會團體自 1970 年代起積極開發及參與社會服務，範圍相當廣泛，包括教育、醫療、康樂、幼兒、青少年、老人、家庭照顧和心理輔導等，無論是教徒還是非教徒，都成為教會團體服務的對象。

在港英殖民管治香港的時代，基督教和天主教在香港參與社會服務已有一段悠久的歷史，大概分為四個發展階段。[38] 第一階段是 19 世紀末至 1940 年代，在港英政府

38 本文所謂基督教和天主教在香港參與社會福利服務所經歷的四個基本歷史發展階段之區別，主要參考以下多位學者在其著作中的歷史性剖析：Kit-man Li, Ka-Hing Cheung and Kun-Sun Chan, "The Social Role of Catholics in Hong Kong Society," *Social Compass*, vol. 45, no. 4 (1998), pp. 513–531；陳慎慶：〈香港基督教社會福利事業的發展〉，頁 65–86；Shun-hing Chan, "Christian Social Discourse in Postcolonial Hong Kong," *British Journal of Religious Education*, vol. 39, no. 3 (2007), pp. 257–268；朱峰：〈當代香港基督教社會福利事業述評〉，《福建師範大學學報（哲學社會科學版）》，2008 年第 6 期，頁 124–131；邢福增：《香港基督教史研究導論》（香港：建道神學院，2004）；邢福增：《變局下的徘徊：從戰後到後九七香港教會社關史論》（香港：印象文字，2018）；Beatrice Leung, "Catholic Church-State Relations in Hong Kong Special Administrative Region: A Review of 20 Years," *Contemporary Chinese Political Economy and Strategic Relations: An International Journal*, vol. 3, no. 2 (July/August 2017), pp. 687–712；以及劉紹麟：《解碼香港基督教與社會脈絡：香港教會與社會的宏觀互動》（香港：基督教文藝出版社，2018）。

未有發展任何社會福利服務的背景下，香港的基督教和天主教團體獲得西方教會的資助，自發性地展開慈善救濟難民及服務窮人的工作。[39] 早在 19 世紀中葉，基督教和天主教已經在香港開始了社會服務的建設，其資金籌集主要來自西方歐美基督教差會及天主教傳教會，以至傳教士對於推動慈善事業的決策和發展方向甚具影響力，例如：天主教聖保祿女修會的聖童之家（1848 年成立）、天主教嘉諾撒仁愛修會棄嬰收容所（1860 年成立）、德國信義會的心光盲人院暨學校（1897 年成立）、香港中華基督教青年會（1901 年成立）、香港基督教女青年會（1920 年成立）、救世軍（1930 年成立）、天主教寶血女修會之診所及孤兒院（1932 年成立）、聖公會聖基道兒童院（1934 年成立）、基督教的真鐸啟暗學校（1934 年成立）、基督教社會服務中心（1936 年成立）、[40] 基督教兒童福利會（1937 年成立），以及天主教寶血醫院（1937 年成立）等。[41]

第二階段是 1950 至 1960 年代，二次大戰日軍侵華及

---

39 朱峰：〈當代香港基督教社會福利事業述評〉，頁 124–125。此外，前香港堅道浸信會劉粵聲牧師的《香港基督教會史》（香港：香港浸信教會，1941）一書是為經典之作，講述基督教自香港開埠至 1930 年代的發展史，尤其是第 5 章和第 6 章談及〈慈善事業〉和〈社會事業〉，值得參考。

40 基督教社會服務中心創立於 1936 年，及至 1947 年發展為香港社會服務聯會。

41 陳慎慶：〈香港基督教社會福利事業的發展〉，頁 67。

佔領香港之後，國共內戰緊接著爆發，導致大量難民從中國內地湧入香港，香港的社會資源緊縮且處於崩潰狀態，不少救援組織迅速組成，積極參與慈善救濟難民和窮人的工作，承擔籌款及物資募捐等善舉，例如：天主教救濟服務處（1949 年成立）、基督教普世教會協會難民及移民服務香港辦事處（1951 年成立）、基督教福利及救濟協會（1952 年成立）、香港基督教世界服務委員會香港辦事處（1952 年成立）、世界信義宗香港社會服務處（1952 年成立）等。不少受惠民眾也因此入教，被戲稱為米飯或奶粉教徒（rice Christian）。與此同時，以從事社會服務為宗旨的本地教會社福團體及院舍也陸續成立，例如聖公會聖雅各福群會（1949 年成立）、天主教香港明愛（1953 年成立）、循道海外救濟委員會（1953 年成立）、聖公會聖匠堂社區中心（1954 年成立）、聖公會的童膳會（1959 年成立）、基督教播道會兒童之家（1956 年成立）、香港撒瑪利亞防止自殺會（1962 年成立）等。[42] 直到 1960 年代初期，隨著香港社會漸趨穩定發展，不少海外教會團體及國際救援組織減少對香港教會及慈善團體的財政和物資援助，也同時將其屬下的香港辦事處改為本地組織，例如循道衛理楊震社會服務處（1967 年成立）和香港基督教

42　陳慎慶：〈香港基督教社會福利事業的發展〉，頁 68–69。

服務委員會（1967年成立）。[43] 與此同時，港英政府在1965年發表了第一份社會福利服務的《香港社會福利工作的目標與政策》白皮書，旨在鼓勵家庭及社區承擔社會福利服務的責任，被批評為消極及迴避普羅大眾對社會福利的訴求。[44] 然而，受到1960年代中期發生的社會騷亂影響，政府改變了一向保守及被動的社會福利政策，開始關心民生議題。

第三階段是1970年代、1980年代至1997年回歸前夕，香港基督教與天主教的社福機構與港英政府共同展開一種「合作伙伴」的關係，其事業發展日趨本地化與多元化，是基督教與天主教在本地建設福利事業的黃金時代。所謂本地化，即是本地教會團體擺脫只有接受西方教會的財政資助及傳教士的支配或影響，從而走向獨立自主的發展。至於多元化，就是指社福機構不再以救濟難民或解決物資匱乏等解決燃眉之急為單一服務目標，繼而轉向以照顧及安穩民生需要為關注焦點，包括教育、居住、醫療、青少年及老年照顧、以及心理輔導等各種不同的社會服務。港督麥理浩爵士領導的港英政府在1973年發表第二份社會福利服務白皮書《香港福利未來發展計

43 香港基督教服務委員會在1976年改組為香港基督教服務處。

44 陳慎慶：〈香港基督教社會福利事業的發展〉，頁68–69。

劃》及《香港社會福利發展五年計劃：1973-1978》，嘗試訂明政府和民間志願機構在社會福利服務工作上的分工與權責，並且肯定民間志願機構的努力與貢獻，確認雙方的「合作伙伴」關係，藉此吸納民間組織成為政府管治與穩定社會發展的渠道。[45] 作為最大的民間社福機構經營者及領導者，香港的基督教與天主教教會團體為普羅大眾提供龐大的社會福利服務，積極影響了香港社會的發展。隨著香港經濟在 1980 年代急速起飛，普羅大眾開始富裕起來，本地教會團體提供社福服務的性質不再以昔日「救濟難民」為宗旨，而轉向了以多元化服務對象和深度化服務質素為發展方向，推動社會福利成為大眾民生的基本權利、生活保障和社區網絡建設，例如：聖公會福利協會（1966 年成立）、基督教香港信義會社會服務部（1976 年成立）、香港路德會社會服務處（1979 年成立）、循道衛理聯合教會社會服務部（1974 年成立）、浸會愛群社會服務處（1978 年成立）等。這些機構、團體為市民提供社交康樂活動、保健養生或在職培訓課程，又或者參與學校、旅館、醫院、老人院及社區中心等建設。與此同時，港英政府在 1979 年發表第三份社會福利白皮書《進入八十年代的社會福利》，解釋政府如何承擔社區照顧服

45 陳慎慶：〈香港基督教社會福利事業的發展〉，頁 74–75。

務的責任；又在1980年提出《社會福利服務的提供及補助策劃工作小組報告書》，逐步向所有法律認可的社福機構提供資助，包括機構職員的薪金和行政費用。教會社福機構也從中受惠，紓緩了財政緊絀的問題，而其社福服務也被視為政府政策實施的目標之一。[46] 踏入1990年代，港英政府在1991年發表第四份社會福利白皮書《跨越九十年代香港社會福利》，訂明香港社會福利服務的整全概念，並且區分政府和非政府機構在社會服務工作上各有的定位。值得一提的是，1996年突破機構在沙田興建的「突破青年村」正式啟用，被視為基督教青少年服務與社會文化整合發展的重要里程碑。突破機構於1973年由蘇恩佩及蔡元雲等人創辦，以出版《突破》雜誌來推動青少年以關心社會為己任的信念，並且進入社區協助邊緣青少年；後來又開發影音廣播及多媒體的製作、設立突破輔導中心來關顧青少年人的心理健康等。到今天，無論政府或民間，都有不少專注青少年的社會服務工作，可見突破機構的文化影響。[47]

---

46 陳慎慶：〈香港基督教社會福利事業的發展〉，頁75；朱峰：〈當代香港基督教社會福利事業述評〉，頁125。

47 劉紹麟：《解碼香港基督教與社會脈絡》，頁201–202。

第四階段是由1997年香港回歸祖國以來，香港的基督教及天主教團體在一國兩制的「制度性保障」下繼續發揮積極的角色來參與社會服務工作。[48] 據朱峰分析，教會團體繼續扮演與特區政府合作的伙伴角色，從而深化和調整了這種獨特關係，並且維持一種穩步的發展。[49] 以基督教為例，據吳水麗和朱峰的理解，回歸後香港基督教社福服務的模式共有四類：一，超宗派合作的教會社福機構，例如香港基督教服務處及華人基督教聯會等；二，超宗派獨立的教會社福機構，由教內宗派教會或個別人士發起，不分宗派卻又沒有與教會組織有所連繫，例如青年會、女青年會、突破機構、互愛團契、基督教靈實協會、基督教關懷無家者協會等；三，教會宗派承辦的社會福利服務，例如香港聖公會福利協會、浸信會愛群社會服務處、循道衛理聯合教會社會服務部等；四，教堂獨自辦理的社福服務，通常以其會址或附屬學校作為服務場所。[50] 除了類型上的區別，香港基督教與天主教團體的福利事業由1980年代起已經開始朝著專業化、甚至世俗

48 吳水麗：〈宗教的社會服務角色〉，頁110–111；朱峰：〈當代香港基督教社會福利事業述評〉，頁126。

49 朱峰：〈當代香港基督教社會福利事業述評〉，頁126。

50 朱峰：〈當代香港基督教社會福利事業述評〉，頁126–127。

化的方向發展，[51] 以強調人道精神和社會公益的道德理念為原則，超越了原有宗教信仰身分與使命的限制。[52] 受到1990 年代政治經濟的新自由主義影響，全球各地社福保障制度轉向市場化或商業化的發展，香港教會團體發展社福服務的理想目標，由提供日常生活的物資救援轉為建設一個以優化專業服務素質為主的社福事業系統。回歸後，特區政府調整了對社福團體的撥款資助制度，實施「整筆撥款」津助的政策，使教會團體營辦的社福機構繼續可以得到政府的財政支持。在宣揚基督宗教博愛精神的背景底下，講求社會服務系統的專業化及效率化目標，成為回歸以後香港本地基督教和天主教團體參與社福事業的一個明顯特徵。[53]

回顧昔日的歷史，由香港開埠到戰後 1970 年代，港英政府並未主動投入去建設任何的社會福利制度，甚至連政策或措施也沒有。當時的基督教或天主教傳教士及教會

---

51 「世俗化」是當前香港基督教和天主教社福機構步入專業化發展，所要面對的身分危機問題：沒有基督宗教信仰或放棄以傳道為目標的社福機構，能否再冠以「宗教團體參與的社會福利服務」的名義呢？本地研究香港社會福利政策的專家周永新認為：「隨著港府政策的改變，香港教會所辦的社會服務愈益朝向『世俗化』的方向發展，其原有的宗教或信仰上的特性亦相對淡化。」見周永新：〈今後香港教會在社會服務工作上的取向〉，《文藝》，第 14 期（1985 年 6 月），頁 4–6，轉引自邢福增：《香港基督教史研究導論》，頁 237。

52 朱峰：〈當代香港基督教社會福利事業述評〉，頁 126–127。

53 朱峰：〈當代香港基督教社會福利事業述評〉，頁 126。

團體便充當了社會福利的提供者，主要從事救濟解急的慈善工作，從派發食品到贈醫施藥，隨處可見教會參與社福工作的影響。就正如「教會派米派麵」、「教會派奶粉」、「奶粉教」、「麵粉教」、「米飯教徒」或「吃教教徒」等社會現象，已成為老一輩香港人的集體回憶。[54] 直到 1970 年代的「麥理浩年代」，港英政府主動介入社會福利事務，重訂政策的實施方向；再加上教會本地化的發展，教會社會服務體系應運而生，成為穩定社會及支持政府施政的社會力量。

54 劉紹麟：《解碼香港基督教與社會脈絡》，頁 204。

03

走進社會關懷工作的佛教

潘啟聰

上一章主要為讀者們講述宗教與香港社會服務的關係。從上一章的論述可見，政府、社福機構和宗教團體在香港的社會服務工作上共同扮演著重要的角色。與香港天主教和基督教團體相比，香港佛教團體在參與現代化的社會服務上起步較遲，規模較小，資源相對有限。相比天主教和基督教團體，香港佛教界參與社會服務並沒有一個資源豐富的教廷或教會統籌和推動。不少佛教團體最初參與社會服務都是始於個別法師或居士的自發。何張蓮覺居士就是一個典型的例子，她在 1930 年代開辦寶覺義學，為推動香港女子教育的先驅。何張蓮覺居士有鑒於上世紀初男女識字率相距極大，認為女子需要教育，故在「多平民聚處」的香港銅鑼灣波斯富街設立義學。除了令貧苦失學的女子得到教育機會，何張蓮覺居士亦成立了香港首間女子佛教院，其後更創辦東蓮覺苑。[1]

事實上，佛教界別與天主教、基督教界別相異之

1 〈張蓮覺苑長〉，東蓮覺苑歷史檔案網頁，網址：https://archives.tlky.org/tc/our_people/ 張蓮覺苑長 /，2024 年 5 月 21 日檢索。

處，不只是在資源和規模上，兩者在模式上也不盡相同。剛才何張蓮覺居士的例子是從「現代化的社會服務」的角度來講，屬於就學服務或教育性服務。所謂「社會服務」（social service），現今學者的定義大概指「改進處在不利情況下民眾的生活狀態」的一種社會工作，所涉的範疇可依服務的主題、目標、對象、地區、性質而有不同的分類。例如，以對象為主體有託兒服務、青少年服務、安老服務等；以功能為主體有法律性服務、教育性服務、諮詢性服務等；以事件為主體有災害服務、就業服務、就學服務等。[2] 當然，在現代「社會服務」的概念出現之前，佛教的慈善事業早在佛陀時代就開始了。可想而知，兩者的開展模式未必一樣。如果不以現代化的「社會服務」定義來講，佛教早期在香港由「山林」走入「城市」主要是透過文教一途。

葉文意居士〈香港早期之佛教發展〉一文，當中就有香港「山林佛教之興起」及「城市佛教之發展」兩章。該論文乃葉居士修讀研究所的學位論文，論述的時間為清末至 1937 年間，對了解香港佛教早期發展具參考價值。比較香港的山林佛教和城市佛教，除了選址不再位於偏遠的

2　鄧毓浩：〈Social Service〉，國家教育研究院辭書，網址：https://pedia.cloud.edu.tw/Entry/Detail/?title= 社會服務 &search= 社會服務，2024 年 5 月 21 日檢索。

郊區之外，城市佛教最顯著的特徵在於當時的大德以現代化知識傳播方法將佛法推廣開來。例如，1920 年太虛大師以新演講方式介紹佛教義理；後來又有太虛大師的弟子編輯《海潮音》等佛學雜誌，按期出版並流通香港。這些新方法、新思潮頗能引起香港佛教界人士之共鳴，影響了後來佛教事業的發展。組織佛學社、請法師講經、開辦義學、刊印雜誌、印刷佛經、出版佛教文物等佛教事業變得十分蓬勃。[3] 藉由文教走入社區，重視智慧上的啟迪，這可謂香港佛教早期服務社會的方法。

時至今日，香港佛教團體參與社會服務的方式十分多元化，例如有醫院探病、臨終關懷、監獄探訪、心理諮商等。不過，有一點仍跟 1930 年代的情況相似，佛教界依然未有一個類似天主教教廷或基督教教會的組織，來負責統籌和推動佛教界的社會服務。現在佛教團體參與社會服務仍是基於個別團體、法師或居士自發而開設。例如，1996 年國際佛光會香港協會正式成立「蓮華分會」，在香港進行監獄佈教（義工探訪）的工作，乃是秉承星雲大師人間佛教的精神。星雲大師不僅是台灣「法務部」正

3 葉文意：〈香港早期之佛教發展〉，《法相學會集刊》，第 3 輯（1992），頁 25。

式聘任的第一個教誨師，[4] 佛光山也是香港第一個參與在囚人士更生服務的佛教非政府機構。[5] 又例如，大覺福行中心的院侍服務在業界可謂成就斐然，衍陽法師因自身被疾病所纏的經歷，有意服務和關懷身受老病苦同路人而創辦了大覺福行中心，從 2009 年開始，到十多年後的今日，其服務已推展至近 20 間醫院，義工超過 3,000 人。[6]

筆者在第一章〈緣起〉曾指出，現存的佛教慈善工作研究主要以台灣地區為主，有關香港的研究可謂少之又少。讀者可能會問，如果台灣與香港的情況相近，那麼參考台灣的研究不就可以了？為什麼一定要對香港的情況進行研究呢？當然，這是因為兩地的情況有很大的差異。光是在宗教人口方面，台灣與香港的情況已大不相同。據美國在台協會 2022 年的研究數據顯示，台灣有高達 80% 的人口同時信奉不同的傳統信仰，當中有許多人自認為同時是佛道教徒。[7] 香港的情況則不太一樣，在約

4　星雲大師口述，妙廣法師等記錄：《人間佛教佛陀本懷》（高雄：佛光文化，2016），頁 294。

5　詳見拙作《東亞地區佛教心理學發展探析》（香港：香港中文大學人間佛教研究中心，2020），頁 242。

6　詳見〈衍陽法師生平行誼〉，大覺福行中心網頁，網址：https://www.spga.org.hk/tc/footprint/venerable_yin_yeung，2024 年 5 月 22 日檢索。

7　美國在台協會：〈2022 年國際宗教自由報告 —— 台灣部分〉，美國在台協會網頁，網址：https://www.ait.org.tw/zhtw/zhtw-2022-report-on-international-religious-freedom-taiwan/，2023 年 11 月 13 日檢索。

748萬的總體人口之中，佛教徒的數目只佔約100萬人；[8] 相比之下，信奉基督的則有逾120萬人；[9] 按照政府的數據，減去有宗教信仰的人口，香港沒有宗教信仰的人數比例高達約50%。

研究香港的情況，有助了解與香港相似的多元化大都會，讓佛教團體在不同地方發展社會服務工作多一個參考。故是次研究聚焦香港，整理香港佛教社會服務工作經驗，並希望探討以下的問題：在香港這樣宗教和文化多元化的社會中，打著佛教旗號的社會服務工作會不會被目標受助者抗拒呢？香港在英國殖民管治的初期，港英政府傾向依賴天主教和基督教來分擔經營社會服務的成本，在芸芸眾多社福機構之間，佛教團體是如何建立自己的業界角色和位置呢？與政府及業界其他持份者溝通的時候，佛教團體有沒有遇到什麼困難，而它們又是怎樣克服困難的呢？面對種種的挑戰，佛教團體對未來有怎樣的期望呢？

8 香港政府：《香港年報2020》，〈宗教和風俗〉，網址：https://www.yearbook.gov.hk/2020/tc/pdf/C21.pdf，2023年11月12日檢索。

9 香港政府：《香港年報2020》，〈便覽〉，網址：https://www.yearbook.gov.hk/2020/tc/pdf/Facts.pdf，2023年11月12日檢索。

研究背景、設計及過程

是次研究，為深入了解佛教團體在香港推動社會服務工作的經驗，故以質性的訪談法去收集所需數據。是次研究為香港恒生大學人間佛教應用研習中心「無言覺醒」項目的其中一部分。「無言覺醒」為人間佛教應用研習中心聯合主席張江亭先生推動的活動。活動邀請不同的嘉賓作一系列訪談形式的講座。獲邀的嘉賓來自不同界別，有心理諮商界、醫學界、學界、佛教團體等，嘉賓均為其所屬界別之翹楚。講座公開予香港恒生大學的教職員、學生以及師生的朋友參與，目的旨在向聽眾分享相關業界的見聞及佛教對人生的正面訊息。部分訪談由於新冠肺炎傳播以及學校停止面授教學活動的影響，而在網上用 Zoom 平台進行。大學復課以後，所有餘下的訪談則在香港恒生大學的校園內舉辦。「無言覺醒」的訪談共進行了 11 場，曾參與訪談的嘉賓有：衍空法師、傳燈法師、定培法師、曾韋僑醫生、陳新安教授、邱逸博士、李志誠博士、沈茂光醫生、廖進芳女士、梁佩嫻女士、吳思源先生。衍空法師、傳燈法師、定培法師、曾韋僑醫生、陳新安教授、邱逸博士及李志誠博士的訪談為個人訪問，沈茂光醫生、廖進芳女士、梁佩嫻女士及吳思源先生則為集體訪問。

與是次研究相關的個人訪問包括衍空法師、傳燈法師、定培法師及曾韋僑醫生。衍空法師為香港大學佛學研究中心創辦人之一，創立了「正法治療」和「覺醒訓練課程」的佛法諮商模式，同時為慈山寺佛法心靈輔導中心宗教總監。曾韋僑醫生乃精神科專科醫生、合資格靜觀減壓（Mindfulness-based Stress Reduction, MBSR）及靜觀認知治療（Mindfulness-Based Cognitive Therapy, MBCT）導師。筆者希望透過兩位的訪問，了解在香港進行與佛法相關的諮商方式之情況。傳燈法師為大覺福行中心住持、佛教院侍部總監，並兼任駐院榮譽佛教院侍。定培法師乃大覺福行中心佛教院侍部駐院榮譽佛教院侍。筆者希望透過兩位的訪問，了解在香港提供醫院探病及臨終關懷服務情況。

集體訪問為跨宗教的對談會，交流不同宗教在提供醫院探訪和臨終關懷的經驗和心得。第一場對談會的受訪者包括沈茂光醫生和廖進芳女士。沈茂光醫生為香港紓緩醫學學會的創辦人之一，乃香港紓緩醫學之先驅，退休前是葛量洪醫院紓緩醫學部主管，在接受訪問時，為香港天主教教區醫院牧民委員會副主席；廖進芳女士為香港佛教聯合會佛教身心靈關顧服務顧問，退休前從事寧養工作（善終服務）數十載。沈醫生以天主教代表、廖女士以香港佛教聯合會顧問的身分出席對談會。

第二場對談會的受訪者包括吳思源先生與梁佩嫻女士。吳思源先生曾任突破雜誌總編輯及突破機構出版總監，近年致力拓展生死教育及喪葬牧養，創辦「完美句號基金會」及「愛百合」機構，現為「愛百合」的牧養總監。梁佩嫻女士曾於醫院紓緩治療部任職護士 18 年，後來成為賽馬會安寧頌計劃講師，現為大覺福行中心佛教院侍部駐院榮譽佛教院侍。對談會以吳先生為基督教代表、梁女士為佛教界代表進行交流。是次研究項目由 2021 年 10 月開始，為期兩年。所有訪談均在 2021 年 10 月至 2023 年 10 月期間進行。

在香港進行與佛法相關的諮商方式

讀者們可能會疑惑，為什麼筆者會採用「與佛法相關的諮商方式」一語，而不直接採用「佛法諮商」一詞呢？比較衍空法師創立的「正法治療」和曾韋僑醫生採用的靜觀減壓及靜觀認知治療，大家就能明白箇中分別。衍空法師創立的心理治療方法以「正法」（Dharma）為名，毫無疑問以佛法作為治療方法的基礎。可是，在 20 世紀下半期開始風行於世界各地的「正念」（mindfulness，亦可釋為「靜觀」）療癒方法，其論述的形態則不太一樣。首先，我們必須意識到所謂的「正念」乃淵源於原始佛法的「四念住」教導。[10] 釋迦牟尼在菩提樹下悟道以後，發展出一套通往涅槃解脫的修行方法，叫做「四念住」，「念」的巴利原文是「sati」，英文譯為「mindfulness」，是專注覺知的意思。[11] 有趣的是，當應用在心理治療的時候，雖然「正念」源於佛法，可是有部分論者卻嘗試將之與佛法脫鉤。以培恩（Tom Bien）的 *Mindful Therapy* 一書為例，在書中他就有言：

> Mindfulness offers us an approach to living and an approach to therapy that can help us deepen our presence and our listening. While rooted in Buddhism, mindfulness does not require us to "be a Buddhist," or to share specifically Buddhist insights with our patients.[12]

提及 mindfulness 與心理治療，不能不提到卡巴金（Jon Kabat-Zinn）。在 *The Mindful Way Through Depression: Freeing Yourself from Chronic Unhappiness* 一書之中，作者們在導言中是

---

10 陳玉璽：〈正念禪原理與療癒功能之探討——佛教心理學的觀點〉，《新世紀宗教研究》，第 12 卷，第 2 期（2013 年 12 月），頁 3。

11 陳玉璽：〈正念禪原理與療癒功能之探討〉，頁 8。

12 Tom Bien, *Mindful Therapy: A Guide for Therapists and Helping Professionals* (Somerville: Wisdom Publications Inc., 2006), p. xv.

這樣提到 mindfulness 在心理治療及諮商界的發展：

> Curiously enough, our individual lines of research and inquiry ultimately led us to examine the clinical use of meditative practices oriented toward cultivating a particular form of awareness, known as mindfulness, which originated in the wisdom traditions of Asia. These practices, which have been part of Buddhist culture for millennia, had been honed and refined for use in a modern medical setting by Jon Kabat-Zinn and his colleagues at the University of Massachusetts Medical School. Dr. Kabat-Zinn had founded a stress-reduction program there in 1979, now known as MBSR, or mindfulness-based stress reduction, which is anchored in mindfulness meditation practices and their applications to stress, pain, and chronic illness.[13]

上文「honed and refined for use in a modern medical setting」的意思實在值得讓人思考。陳德中《正念減壓的

---

13 Mark Williams et al., *The Mindful Way Through Depression: Freeing Yourself from Chronic Unhappiness* (New York: Guilford Press, 2007).

訓練》一書中，許瑞云為其撰寫了〈推薦序〉。序中可算是反映了部分學者對於所謂 honed and refined 的想法：「所以，正念減壓的課程是為忙碌的現代人設計的，也去除了宗教色彩，讓更多人可以接受。」[14]「去除宗教色彩」到底是不是卡巴金本人的想法，拙作並不希望參與此討論。可是，培恩和許瑞云的例子顯示了一種想法：現在將 mindfulness 應用於減壓課程或心理治療之時，為了讓更多人接受，去除宗教色彩是有需要的。這也同時反映出社會有部分人士或會因 mindfulness 具宗教色彩而不願意接受治療的情況。由是觀之，在香港「與佛法相關的諮商方式」可粗略地分為兩種：一種像是「正法治療」一樣，明顯是與佛教相關的心理治療方法；另一種則像是靜觀減壓，既源自於佛教卻嘗試去除宗教色彩的心理治療方法。在香港，運用這兩種諮商方式，所面對的挑戰也不一樣。

衍空法師創立的「正法治療」明顯是與佛教相關的心理治療方法。在一次的訪問之中，衍空法師指出「正法治療」的輔導原理為：

14 許瑞云：〈推薦序〉，載陳德中：《正念減壓的訓練》（台北：方智出版，2017）。

以佛陀開悟及原始佛教面對苦、苦的成因、苦滅的方法為藍本，透過六個步驟，包括認識苦、知苦、自我覺察、接受及化解內心煩惱，再轉煩惱為心靈智慧，從而消除煩惱，以新的角度去面對自己的困惑。[15]

在訓練「佛法輔導碩士課程」的學員時，課堂筆記亦清楚地說明：

Dharma Therapy is a physio-psycho-social intervention based on Buddhist teachings and practices. During the process of intervention, it utilizes both physio-psycho exercise in various forms of meditations and psycho-social explorative and educational consultation to help clients to understand suffering and deal with stress.[16]

這樣明確的佛教旗號，不禁令人心生疑問：「在為受助者提供正法治療的時候，有沒有因宗教原因遇上什麼困難？」

---

15 嚴穗華：〈隨順世間　不捨正見　慈山寺佛法心靈輔導中心〉，《慈山鑑》（2015），頁 73。

16 陳嘉偉：《不失方寸：佛法輔導員手記》（香港：超媒體出版，2023），頁 106–107。

在是次研究的訪談之中，衍空法師分享道：「我們中心絕不含糊。我們的正法治療是來自佛教。」法師進一步指出，「宏法」是一回事，「輔導」又是另一回事，兩者不會混為一談：「受助者來參與我們的正法治療，我們沒有絲毫的意圖令其成為一名皈依的佛教徒。我們不是在傳教，不是在宏法，我們最終目標是關顧受助者的精神健康、靈性的安樂。」法師強調：「但是，我們不會告訴受助者，我們的治療方法不是佛教的。我們的治療方法由設計、研究、所有有關的資料都是來自佛教。」法師對於現時流行的 mindfulness 心理治療方式嘗試去除宗教色彩之現象亦有所聞。法師對其有以下的回應：「Mindfulness 推行出來時，背後的宗教概念被拿走。原因是為了適應西方社會的文化或市場。」從法師的分享可知，正是因為正法治療有如此鮮明的佛教背景，故在提供服務時沒有因宗教原因而遇上什麼困難。大多受助者求助之前已經知曉正法治療的佛教背景，如果接受不了的話，他們不會進一步向其求助。是以，法師指出：「我們的受助者之中，當然佛教徒為數不少，但是也有許多沒有宗教信仰的人士，受助者當中更是有基督教徒和天主教徒。」根據法師的經驗，宗教信仰對治療成效有影響，卻不是最關鍵的因素。

根據法師的觀察，改善生活的迫切性及認知能力兩個因素，對治療成效的影響更大：「一個人在多大程度上受我們的治療影響，我覺得最大的原因不是他信不信教。一個人是否受治療影響有很多因素。第一，他自己要有動力去接受治療。第二，我們發現正法治療對什麼人最有效呢？就是一些對自己知見理解能力高的人。所以，年紀太小的小朋友、精神狀態不穩定或要服用精神科藥物的人士，我們都較難以正法治療去幫助他們。」法師以「緣起性空」為例，指出受助者若有佛教信仰，其好處主要是在提及某些佛教概念時，他對其早有認知而不用重新說明。

曾韋僑醫生採用靜觀減壓及靜觀認知治療的情況，則與衍空法師的情況不一樣。衍空法師曾在訪問中打趣地說：「我做正法治療時，受助者看見一名和尚坐在輔導室裏，想隱瞞佛教背景也不行吧？」曾醫生是一名專業的精神科專科醫生，有來自各種背景的病人，他們不會預期曾醫生有任何宗教背景。在治療過程期間，若向病人提出採用靜觀減壓或靜觀認知治療，病人會不會因它們具有佛教背景而抗拒呢？曾醫生就分開「業界」和「病人」兩方面進行講解。在業界方面，他以靜觀認知治療為例，指出其近年來累積的科研證據頗豐；故此，這種治療在業界的認受性提高了許多：「Oxford Mindfulness Centre 近年做了很多靜觀認知治療的研究，不論在理論上還是實踐上都將靜觀圓滿地連繫到整個認知科學裏面。故此，現在靜觀認知治療的認受性很高。譬如，在醫管局的醫院裏，很多心理醫生都帶 MBCT 的資格。在業界而言，靜觀認知治療基本上是完全接受，沒有問題。主要原因是現實的資源問題，以往常用的認知行為治療只能一對一地做，但靜觀認知治療則可以一對十五地做。醫管局講求資源運用的效益，一個醫生可以多帶幾個病人，說是功利也好，說是現實也好，這是採用靜觀認知治療的好處。」

不過，若是說到病人方面，社會中的確有人因不了解靜觀而心生抗拒。曾醫生指：「提到宗教，首先我想強調我無意批評任何人或宗教，但事實上某些宗教對靜觀的理解是挺不正確的。有些想法很古怪，像是做靜觀一定要練氣，有些甚至說做靜觀的時候會有邪靈入心，更有人以為打坐到一定的時候就會像印度神童般飄起來。所以，香港社會的確存在一些不喜歡靜觀的人，尤其是某些個別的宗教或教派。」不過，曾醫生亦補充說明，那只是社會上小部分存偏見的人：「但我也可以告訴你，在我認識教授靜觀的老師中，他們亦有很多是天主教和基督教教徒。天主教徒對靜觀的反應多數比較正面。因為天主教也有默觀祈禱的習慣，所以他們覺得靜觀不是一個簇新或（與其信仰）具衝突性的概念。」

在不同的訪問之中，曾醫生曾一再表示靜觀用之於心理治療是值得被推廣的。在面對上述的困難時，曾醫生又是如何克服的呢？曾醫生在分享時，十分強調病人意願的重要性。曾醫生指出，在推廣或建議病人採用靜觀相關的療法時，親身的體驗十分重要：「如果要推廣靜觀，感受比單純講好。可以先嘗試和他們做一些短練習，問他們覺得怎樣。在初步感受過以後再跟他們說這就是那套療法中的體驗，他們會比較容易接受。因為他們知道自己在那套療法中會做什麼，也因體驗過而知道我是否在欺騙他們。」當然，即使自己覺得靜觀有多好，作為醫者，必須要尊重病人的意願：「不過，重點仍在於參與者是否覺得OK。所以，通常在推廣靜觀的第一個迎新活動，我是不收錢。即使收了參與費用，如果參加者後來不想繼續，我都會退錢。我覺得這樣比較好，比 hard sell 好。」

在香港進行醫院探訪服務

是次研究旨在深入了解佛教團體在香港推動社會服務工作的經驗。為了達到此項目標，筆者以大覺福行中心的醫院探訪服務經驗為論述核心。藉著訪問中心內不同層級的嘉賓（包括策劃、管理、組織及前線工作），旨在對佛教團體的社會服務工作有更全面了解。與大覺福行中心有關的受邀訪談嘉賓包括：（一）傳燈法師、（二）定培法師，以及（三）梁佩嫻女士。傳燈法師和定培法師均有參與院侍服務的前線工作，同時亦是大覺福行中心的管理及組織階層。梁佩嫻女士則代表居士義工及前線工作的階層。

據大覺福行中心的資料所示（見圖三），中心於 2009 年初由衍陽法師創立。衍陽法師自小受不同的疾病所纏，故對老、病者尤為關顧。早在 2005 年的時候，衍陽法師已在溫哥華發起成立「華康病患關懷中心」，關懷病患者。回港後在 2009 年初成立大覺福行中心，以「真愛無界限，陪您過難關」為宗旨。大覺福行中心甫一成立，中心在同年已首辦「醫院關懷服務」及「安老關懷服務」培訓課程，開展醫院及安老院探訪服務。中心在 2011 年正式成立「佛教院侍部」，於佛教界創下先河，提供有規範的定期醫院關懷服務。在 2019 年，中心的佛教院侍部舉辦了第一屆「醫院關懷服務 —— 高階課程」及第四屆「醫院關懷服務 —— 進階課程」。中心的佛教院侍部於 2021 年正式推出第一期電子通訊《真愛同行》。截至 2021 年，服務已推展至 16 間醫院，共有 12 位院侍及 313 位「心靈大使」義工，歷年探訪院友逾 45,000 人次。2022 年，中心展開「疫境互強計劃 2.0」，將祝福及關懷傳遞給各醫護人員及社會大眾。可見，大覺福行中心在香港佛教醫院關懷服務的領域上堪稱業界翹楚。

大覺福行中心主持傳燈法師指出，大覺福行中心服務社會的宗旨與中心創立的宗旨是一致的 —— 即「真愛

圖三　大覺福行中心小冊子

大覺福行中心於2009年初由衍陽法師創立，為香港非牟利佛教慈善團體，以「真愛無界限・陪您過難關」為宗旨，行善教化，以赤誠之心為社會上的苦困、老弱、病患提供心靈關懷，陪伴他們走向積極的人生。

「佛教院侍部」於2011年正式成立，在佛教界創下先河，為病者及其家屬提供有規範的定期心靈關懷服務，有關服務現已在全港16間醫院推展，歷年探訪院友逾44,000人次。另外，佛教院侍部於2021年精心策劃出版一年兩期的「真愛・同行」佛教院侍部電子通訊。

為適切大眾的需要及普廣佛教文化藝術，中心致力推廣多元化的活動，如生命教育課程、法會、禪修、講座、心靈輔導、書畫及工藝品展覽等，冀盼激發大眾正念能量及自利利他的精神。

「儫」是中心於2019年新創立的另一品牌，既有自家製作的日用品，更用心搜羅世界各地優質健康產品，務求大家用得安心，吃得放心。

真愛無界限・陪您過難關

創辦人

衍陽法師

能放下以往的想法，打「開」你的心，不再執迷不「悟」，在那件事那個煩惱上，你就是「開悟」。

衍陽法師（1958至2015），廣東開平人氏，於澳門肄業及教學，曾以筆名凌楚楓於報刊發表詩文，組織及創立詩社。

1992年於香港披剃出家，在美加及中港澳等地弘法，以說理精警，莊諧並重，受大眾歡迎。

法師能書善畫，喜以文字般若，利樂眾生，出版書籍多種，曾多次舉辦書畫文藝展覽，籌集善款，發展利生家業。

無界限，陪您過難關」。前句意思是「佛教的慈愛是無分彼此，亦無界限的」。因此，服務和關懷的對象不限於佛教的信徒，也可以是其他宗教的信徒；再者，依這宗旨而言，服務的對象亦不受限制於他們的狀況，關懷的可以是健康的人，可以是病人，可以是長者，也可以是臨終的人。正如大覺福行中心在成立之初，當時的主持衍陽法師因自身經歷，有意服務和關懷身受病苦的人。不過，法師並未有畫地自限，而是能夠隨順因緣，並把握眼前的機遇。在 2009 年，瑪麗醫院聯絡了衍陽法師，詢問法師是否願意提供醫院關懷的服務。可惜，當時遇上了豬流感大流行的時間，醫院關懷的服務因此暫時被擱下。雖然醫院關懷服務面對阻礙，但衍陽法師反而努力嘗試不同的方向，未有停下服務社會的準備。結果，大覺福行中心建立了另一組關懷團隊，以服務安老院社裏的長者們。在一番堅持不懈的努力後，大覺福行中心最終亦能夠實現衍陽法師的願景 ——「陪您過難關」，進入醫院進行院侍服務，陪伴受病苦困擾的院友。經過多年來的努力，大覺福行中心在多於一所醫院裏設有駐院的辦公室，與醫護間建立了正式的轉介機制，跟不同的團體時有交流。中心的院侍服務已得到各界的認同和肯定。以下將逐一詳述院侍服務發展時所遇上的困難以及其解決方法。

1. 面對受助者：「以人為本」解戒備之心

在香港這個多元社會裏，近一半市民表示自己沒有宗教信仰，而佛教徒亦未有佔很大的人口比例。在進行社會關懷工作期間，不少受助人士不會輕易接受別人的關懷，他們會因對方的宗教背景而質疑其關懷並非真誠。讓受助對象接受服務、解除戒備是大覺福行中心面對的其中一項挑戰。回顧大覺福行中心至今的成就，中心正式進入醫院進行院侍服務已有十多年的歷史，不過比較其他宗教，天主教的醫院牧靈和基督教的醫院院牧服務仍然更為一般市民熟悉。衍陽法師當初因自己飽受病苦的經歷，因而真誠地希望為病人送上關懷和祝福。法師明白到病人很容易誤會義工藉關懷為名，實質借機宣教。故此面對病人，中心非常重視「以病人為本」的價值，並視之為院侍服務首要宗旨。為免有受助者質疑義工動機不純，不論是傳燈法師還是定培法師，都強調「以人為本」是中心提供院侍服務的核心價值。定培法師曾說：「我們的院侍服務是『以人為本』的，那就是要令病人及其家屬安心。我們在待人接物時不能夠每一件事都只從自己的宗教信仰為出發點，而是要從病人的角度去想。病人本身已經病得很重了，身邊的家人亦表現得十分緊張。在這種情況之下，若我們依然堅持要向病人宣講佛法，其實對病人以及他們家屬，一點好處都沒有。」

再者，為了使病人更容易接受他們的關懷服務，大覺福行中心細心地策劃其人力資源的調動。大覺福行中心在提供社會關懷服務上，主要以法師們（例如傳燈法師和定培法師）為管理和策劃的核心，而以在家眾的義工們作為前線工作的主力。從行政和實踐的角度而言，這安排是基於香港普羅大眾一般都對佛教僧人不了解，甚至擁有負面的形象。法師猜測，這或因在通俗文化裏（例如電視劇）僧人多半因人生挫敗而出家，又或因在現實生活中見到僧人的場合多數與死亡有關（例如殯儀館）；故此，大眾對僧眾不只不太認識，更往往覺得不吉利。有見及此，中心在進行關懷服務時，故意以義工為前線工作者，出家眾則保持低調並主要進行背後的管理及培訓工作。是以，大覺福行中心的第一位佛教院侍乃一位在家居士。多年來，中心的法師們亦努力克服這種情況，嘗試改變香港社會大眾對他們的態度。中心主要透過社區教育，讓社會人士認識及接納他們，其中言教與身教兩者兼而有之。法師們一方面藉社區講座、工作坊、分享會等方式讓大眾接觸佛法（言教），另一方面由中心的法師及居士走入社會服務人群以讓大眾對他們改觀（身教）。就現時中心人力資源的情況言，出家眾大約只有 15 位，而在家眾義工則有逾 3,000 人，當中活躍的成員有 600 至 700 人。由此可見，在家眾的義工在中心的社會關懷工作上扮演著一個舉足輕重的角色。

然而，若只為病人提供關懷服務，那麼中心跟一般的慈善團體又有什麼分別呢？其他像香港一樣擁有多元文化的都市，受助者都不一定是佛教徒或對佛教持開放態度的人。如果要以人為本，是否就不能宣揚佛法呢？有學者認為佛教在進行慈善工作的時間，不免出現「善門」與「佛門」、「入世」與「出世」張力，甚至對立。[17] 可是，在傳燈法師的解說裏，要在聖俗之間取得平衡並非不可能：「佛陀的教導並非只能用口宣講的哲理，而是能應用在生命當中。我在教導義工的時候，的確要求他們不要『硬銷』佛法。若在你病倒的時候，有人聲稱要來關心你，可是嘴裏不是說你孽障重，就是要求你去唸些什麼經，你又會怎樣想呢？所以，我教義工們除非是病人主動去問你，否則陪伴和聆聽就是我們唯一的任務。然而，不能從嘴上說出來，不等於不能把佛法活出來。我告訴我們的義工去用身教的方式將佛陀所教呈現出來。」有機會走進人群之中去服務別人，那就以人為本用心服務；有機會宣講佛陀所教，那就將教人離苦得樂的「正知見」說出來；沒有機會從嘴裏宣講佛法，那麼就在人前以身教把佛陀所教呈現出來。

2. 面對不同持份者：「病人第一」促進交流

香港有不少宗教團體都在提供社會關懷服務，大家各自希望藉機宣傳自己的宗教。那麼，各宗教團體之間有

17 林建德：〈出入於聖俗之間 —— 佛教慈善事業之初步思考〉，《玄奘佛學研究》，第 28 期（2017 年 9 月），頁 133。

沒有什麼競爭呢？令筆者感到意想不到的是，雖然宗教團體之間有著不同的價值和其宣教目標，但是大家都以「病人第一」的宗旨緊密合作。佛教團體與其他宗教團體、非宗教團體之間亦時有交流。根據定培法師的說法，大覺福行中心大約每三個月都會參與一次旨在促進各團體間交流的個案分享會議。當中既有不同宗教教派的團體，亦有無宗教背景的團體參與會議。在會議上，不同團體都會分享進行服務時遇到的個案情況，然後與會者便嘗試以其宗教、經驗、專業知識等不同角度去分析個案；與會團體之間會互相學習，希望透過交流而精益求精，因為大家都抱持著「病人第一」的宗旨，所以安頓好病人就是其共同的目標。除了跨宗教團體間的交流，中心的院侍服務團隊與醫院的關係比以往更為密切。雙方有如同工一般，定期地進行會面以討論不同病人所需。如果院方知道病人有在宗教上接受關顧的需要，院方亦會為中心進行內部通訊和轉介。中心的院侍服務團隊近年更擁有駐院的辦公室，以方便與醫院的合作（見圖四）。

按照定培法師的描述，宗教團體與醫院的關係好比同工一樣。人的需要包括「身」、「心」、「社」和「靈」幾個方面。醫院的醫護人員照顧的是病人「身」、「心」和「社」的需求，而宗教團體照顧的則是病人「靈」的需求。病人「靈」的需求各有不同，宗教團體就按著個別病

圖四 大覺福行中心駐院辦公室資料

港島西醫院聯網佛教院侍部
Buddhist Chaplaincy Unit in Hong Kong West Cluster

麥理浩復康院辦事處：香港薄扶林沙灣徑7號4樓
Maclehose Medical Rehabilitation Centre Office: 4/F, 7 Sha Wan Drive, Pok Fu Lam, Hong Kong

預約 For advance appointment：5445 2217, 5445 6818

辦公室電話 Office telephone：2872 7210

傳真 Fax：2872 7309

電郵 E-mail：chaplaincy@spga.org.hk

新界東醫院聯網佛教院侍部
Buddhist Chaplaincy Unit in New Territories East Cluster

沙田威爾斯親王醫院辦事處：沙田威爾斯親王醫院職員宿舍B座4樓424室
Prince of Wales Office: Room 424, 4/F, Block B, Staff Quarters, Prince of Wales Hospital

預約 For advance appointment：5220 5396（沙田區）5220 7170（大埔、北區）

辦公室電話 Office telephone：3505 3386

傳真 Fax：3505 4503

電郵 E-mail：chaplaincy@spga.org.hk

人的需要而為他們提供相應的幫助。

本著「陪您過難關」的宗旨，大覺福行中心的醫院關懷服務成功實踐出「以人為本」的人間佛教精神。十多年後的今日，中心的院侍服務已推展至近二十間醫院，義工超過三千多人。醫院、其他宗教的服務團體、無宗教背景的社福機構等都跟大覺福行中心建立了正規交流、互相通訊和個案轉介的關係。大覺福行中心的院侍服務無疑獲得多方的支持和肯定，且得到了長足的發展。

3. 中心展望：有待完善的地方

在訪談期間，兩位法師皆謙稱大覺福行中心仍大有可以改善和進步的空間，並曾提及他們對未來的期望。定培法師認為比較其他宗教的服務覆蓋範圍，佛教院侍服務仍未算普及。全港公私立醫院大約有逾 50 間，而中心的佛教院侍服務只覆蓋 16 間。其次，定培法師認為配套上的不足依然是中心現時面對的問題。法師指出，並不是每所接受他們服務的醫院裏都有屬於中心的辦公地方。這樣會為他們帶來一定程度的不便。例如，沒有地方寫下探病紀錄、沒有地方商討病人情況等。在這些困難之下，兩位法師仍然對於未來有正面的期望。綜合兩位法師的意見以及訪談後的分析所得，筆者提出以下的建議。這些建議不僅是就大覺福行中心的發展而提出，而是對於佛教如何應對香港人的各項需要，都具有參考價值。

3.1 建立香港佛教界交流平台

在跨宗教的對談及分享會上，從基督宗教的經驗可知，教會團體成功的因素之一是基於資源的協調、共享和分配做得很好，令其工作非常有效率。由於有教廷和教會的領導，隸屬同一教會的機構和組織之間有良好的溝通、恰當地獲分配資源，更減低了在同一服務範疇出現資源重疊的問題。以天主教的情況為例，阮美賢在〈天主教社會服務的神學導向〉一文中提及，天主教教會一直都是推動香港社會發展的「一股關鍵力量」，為普羅大眾提供教育、社福和醫療等多元類型的服務。[18] 從天主教香港教區的架構可見，教區設置了不同組織來處理和提供不同的服務。香港明愛（前身為天主教社會福利會）是負責統籌天主教香港教區各類社福服務的中央性組織。另外，還有其他組織為各類社群提供不同種類的社會服務，例如：修會（推廣教育的嘉諾撒仁愛女修會、沙爾德聖保祿女修會、基督學校修士會、耶穌會和鮑思高慈幼會等）、信徒善會（服務窮人的聖雲先會、關懷智障人士的信和光等）、自助會社和協會等。現任香港明愛總裁閻德龍神父在〈香港明愛〉一文中指出，「明愛與堂區在教區、鐸區、堂區以及明愛員工等多個層面上，定期舉行會議，以加強彼此合作的協同效應」。[19] 又以基督教的情況為例，雖然基督教沒有如天主教一般的統一性教廷，但是基督教的教會同樣扮演了統籌的角色。反觀香港的佛教界，佛教團體之間的溝通有待完善。在沒有統一單位去統籌慈善工作的情況下，最終是大家各自去做；資源分配、溝通與交流、轉介個案等事情上自然會遇到困難，難免出現效率不夠好的問題。有見及此，傳燈法師就表示，香港的佛教界

18 阮美賢：〈天主教社會服務的神學導向〉，《神思》，第 127 期（2020 年 11 月），頁 3。

19 閻德龍：〈香港明愛〉，《神思》，第 127 期（2020 年 11 月），頁 61。

可以建立一個有效率的平台去服務大眾。若未來的資源持續增加，建立一個能夠促進佛教團體間溝通、交換服務資訊、從中進行調度的平台就更為重要。

3.2 更多跨界別的分享

從訪談中可知，大覺福行中心在院侍服務上獲得空前的成功，定培法師認為那是因為不同界別的團體都願意無私地進行溝通、交流和分享。醫院的醫護人員照顧病人身體，社工照顧病人的心理和社交。他們都願意與宗教團體交流，告知病人的狀況以處理病人靈性上的問題。不同的宗教團體之間亦會主動彼此溝通、交換資訊，按病人的意願提供最適切的宗教關懷。院方和不同的宗教團體更會定期開會，分享處理個案的經驗，以及交流照顧個別病人的技巧及注意事項。這樣的溝通和交流促進的不只是病人的身心社靈之健康，同時亦促進了業界的發展和服務質素。有見及此，本文建議在不同的慈善工作上亦能嘗試建立相類似的溝通平台，讓不同的宗教團體可以互相學習、交換服務資訊，甚至進行資源共享。這樣不但能夠提升香港市民的生活素質，亦能讓各宗教團體更容易走入人群、傳播教義，達到既「利他」又「自利」的「雙贏」局面。

小結

是次研究旨在了解佛教團體在香港提供社會服務工作之經驗。筆者嘗試先深入業界的情況，了解其所面對的困難，以及克服困難的方法。為得到更有效和更聚焦的研究成果，本文以佛教相關的心理治療及醫院探訪服務為論述焦點，透過訪談研究法進行研究。是次研究訪問了衍空法師、傳燈法師、定培法師、曾韋僑醫生、沈茂光醫生、廖進芳女士、梁佩嫻女士及吳思源先生。雖然嘉賓們各自所屬的界別不一樣，但在面對工作上的難題時，都不約而同地藉著「以人為本」的價值克服難關。畢竟香港是一個多元化的社會，文化及宗教背景不一，在不同的價值觀之下，人與人之間的尊重成為了彼此建立良好關係之橋樑。心理治療是否具有成效，關鍵在於當事人的意願和動機；於探訪中，病人是否感到被關懷，關鍵在於與病人相處時是否真誠。若以「宣傳宗教」為本，服務者與受助者之間難以建立互信，服務的成效反而大大降低。可是，如果只是單純的服務，那麼佛教團體的工作又跟一般的社福機構有何分別呢？傳燈法師的分享可謂回應此問題的真知灼見：「佛陀的教導並非只能用口宣講的哲理，而是能應用在生命當中……不能從嘴上說出來，不等於不能把佛法活出來。」有機會走進人群之中去服務別人，那就「以人為本」地用心服務；有機會宣講佛陀所教，那就將教人離苦得樂的「正知見」說出來；沒有機會從嘴裏去宣講佛法，那麼就在人前以身教把佛陀所教呈現出來。

近年佛教界在社會服務的發展一日千里。香港的佛教不再只在山林之中，而是走入城市、走入人群之中，真誠地為香港社會服務。為了加強公眾對其的認可，香港佛教諮商近年設立「專業佛法輔導員」認證及註冊。大覺福行中心的佛教院侍服務覆蓋面越來越廣，義工人數越來越多。衍空法師、傳燈法師、定培法師等嘉賓在訪談分享過的價值觀及其中心運作模式對業界和學界均具很大的參考價值。

是次研究同時研究了天主教和基督教的過往經驗，汲取其經驗之菁華。在對比兩種宗教的工作過後，筆者就佛教團體未來發展提出兩點展望和建議，包括：（一）建立一個促進佛教團體間溝通的平台；和（二）促進不同界別團體之間的溝通。正如覺光法師評論香港佛教界回歸後的發展一樣：「香港佛教的發展，已由靜止的階段，轉變為一個蓬勃發展的階段；更由一個橋樑階段發展為一個模式階段。」[20] 隨著時代的變遷，以及中央政府與香港政府對佛教發展的支持，筆者同樣期待香港佛教團體社會服務工作的未來發展將「轉變為一個蓬勃發展的階段」。

---

20 寬忍：〈香港佛教面面觀〉，頁 41。

04

對於佛教社會服務的反思

潘啟聰

行文至此，筆者透過是次研究獲益良多。曾經在是次研究中接受過筆者訪問的嘉賓都是筆者的良師，分享的內容令筆者和在場聽眾都深獲教益。在所有的訪問之中，三位法師的分享對筆者有關佛教心理和諮商的研究有很大啟發性。在訪問衍空法師之前，筆者曾對「正法治療」做過一些資料搜集。衍空法師曾在一次雜誌訪問中提及「正法治療」之緣起。他曾反思現存的「正念」療法，有如下的感想：「Mindfulness 只是將八正道其中一個元素『正念』融入當中，如果同時融入整套八正道在內，那豈不是更加厲害。」[1] 現在我們見到的「正法治療」正是由此而來。衍空法師反思 mindfulness 的邏輯對筆者有關佛教心理和諮商的研究有很大啟發。

就佛教心理學的研究領域，筆者第一次發表相關的演說，是在 2016 年台灣宗教學會主辦的「宗教的超越性與內在性學術研討會」；而第一篇成功刊登的相關論文

1 溫暖人間採訪組：〈佛陀 —— 最好的心理醫生〉，《溫暖人間》網頁，網址：https://bcvps.pixelactionstudio.com/content/ 佛陀 - 最好的心理醫生，2024 年 5 月 24 日檢索。

是 2017 年《人間佛教研究》第 8 期的〈佛教心理學之定義再省察〉。近年，筆者在進行文獻回顧的時候，發現學界有一種普遍論調，指佛陀教導的「正知見」就是心理疾病的良方，甚至有人撰寫學術論文[2]比較佛法與艾利斯（Albert Ellis）的理性情緒行為療法（rational emotive behavior therapy, REBT）。一如衍空法師反思 mindfulness 的邏輯，「正知見」只是佛法的其中一個元素，而不是整全的說法。在訪問傳燈法師和定培法師的時候，筆者留意到大覺福行中心在設計其社會服務及義工角色時，非常重視「培福」的概念。大覺福行中心的做法正正給予筆者以上的提問一個清晰的答案。《龍舒增廣淨土文》卷九中有偈語云：「修福不修慧，大象披瓔珞；修慧不修福，羅漢托空缽。」意指福慧不可不兼修。佛陀的教導強調「福慧共修」。可是，在學界現存的研究之中，卻出現了「重慧輕福」的論述：「正見是佛教諮商的核心，培福卻是當事

---

2 T. K. Aich, "Buddha Philosophy and Western Psychology," *Indian Journal Psychiatry*, vol. 55, suppl. 2 (2013), pp. s165–s170; S. A. Holt and C. S. Austad, "A Comparison of Rational Emotive Therapy and Tibetan Buddhism: Albert Ellis and the Dalai Lama," *International Journal of Behavioral Consultation and Therapy*, vol. 7, no. 4 (2013), pp. 8–11; M. S. Christopher, "Albert Ellis and the Buddha: Rational Soul Mates? A Comparison of Rational Emotive Behaviour Therapy (REBT) and Zen Buddhism," *Mental Health, Religion and Culture*, vol. 6, no. 3 (2003), pp. 283–293.

人的一些宗教性習俗而已。」受大覺福行中心的社會服務執行模式啟發，此章主要反思現存學界「重慧輕福」的論述，並借 Soree Pokeao 的 TIR 模式作藍本，按是次研究所得，修正成一個新的 TIRA 模式。

佛教、心理學及心理治療小史

在《箭喻經》之中，佛陀比喻自己為「除毒箭師」，為世人提供拔苦之道。面對「有生、有老、有病、有死」的人生，人難免有「憂戚、啼哭、不樂」的問題。佛陀的教導能讓我們處理心裏的苦受或煩惱。從今人的知識來看，佛法內充滿了心理學、諮商與輔導的智慧，為世人提供一條達致心理健康的道路。然而，「佛教心理學」這名字卻於要到 20 世紀末至 21 世紀初才正式作為專有名詞出現。在西方學界中，最早出現「佛教心理學」的專門性論述可數 1914 年戴維夫人（Caroline Rhys Davids）出版的 *Buddhist Psychology: An Inquiry Into the Analysis and Theory of Mind in Pāli Literature*。如果撇開個人撰寫的專門性論著，戴維夫人在更早的時間出版了一本翻譯性質的作品，當中亦使用了「Buddhist Psychology」一詞。那是 1900 年出版的 *A Buddhist Manual of Psychological Ethics (Buddhist Psychology) of the Fourth Century B.C.*。「佛教心理學」一詞在亞洲學界最先出現，比西方更早。早於1898年，日本學人井上圓了出版了《佛教心理學講義》。同類型論著之後在亞洲相繼出現。若以戴維夫人1914年出版的專書作參考，在亞洲同時期的作品就有橘惠勝的《仏教心理の研究》(1916)，以及太虛大師和梁啟超在1920年代以「佛教心理學」為主題面世的演講和文章，當中包括太虛大師的〈佛教心理學之研究〉(1925)、〈行為學與心理學〉(1924)、〈行為學與唯根論及唯身論〉(1927)，以及梁啟超的〈佛教心理學淺測〉(1922)。

「佛教心理學」—— 它結合了公元前6世紀以前已創建的佛教與1879年才進化為科學的現代心理學。自「佛教心理學」被確立為一門專門性的學問後，它的發展可謂一日千里。在20世紀初期，佛教心理學仍只屬於一種佛學與心理學互相認識的階段。到了20世紀中期，佛教與心理學的交流更為積極。著名心理學家榮格（Carl Jung）就曾發表了多份與佛教相關的演講及文章，包括〈東洋冥想的心理學〉(1943年3月至5月期間在蘇黎世、巴塞爾及伯恩作演講，同年刊出文章）、〈鈴木大拙《禪佛教入門》導言〉(1948)、〈《西藏度亡經》的心理學評述〉(1953年首次出版，1954年修訂）等。心理分析學大師弗洛姆（Erich Fromm）在1957年亦曾與日本佛學學者鈴木大拙交流和對談，最後出版了《禪與心理分析》一書。在1950年代以後，將佛法應用在心理治療和諮商，更是一種至今都非常蓬勃的發展趨勢，著名的療法例子有：吉本伊信的內觀療法（Naikan Therapy）、卡巴金的靜觀減壓課程（Mindfulness-based Stress Reduction）、塞加爾（Zindel Segal）等人的正念認知療法（Mindfulness-based Cognitive Therapy）、衍空法師的覺醒訓練課程（Awareness Training Program）和正法治療（Dharma Therapy）等。時至今日，佛教與心理健康仍是不少學者熱忱埋首研究的領域。

文獻回顧及本章論述焦點

回顧現存有關文獻，學界之中出現了一種重視「正知見」而輕視「培福」的論述。這種論述在非華語學界頗為常見。Chomphunut Srichannil（2014）認為「四聖諦」乃主要的佛教原則，支撐著佛教諮商的理論框架：

> 在佛教諮詢實踐中，諮詢師對於四聖諦的理解為他們提供了一個理論框架，用於理解、識別和處理客戶的痛苦。[3]

3 Chomphunut Srichannil and Seamus Prior, "Practise What you Preach: Counsellors' Experience of Practising Buddhist Counselling in Thailand," *International Journal for the Advancement of Counselling*, vol. 36, no. 3 (2014), p. 244.

> ……四聖諦是佛教教義核心的描述，也是佛教諮詢的理論框架之主要基礎原則。[4]

Quantar Balthip 等人（2013）指出「四聖諦」為佛陀教育的核心，[5] 而能夠接受「四聖諦」的病人可以和平地跟疾病生活：

> 通過接受無常的觀念，受訪者能夠與他們的疾病和諧相處。這種領悟是受訪者觀念和放下能力受到佛教教義強烈影響的結果。導致這種觀點的具體教義包括四聖諦……[6]

R. P. C. R. Rajapakse（2017）嘗試為佛教諮商下一個定義，而在她的論文之中亦明確指出「四聖諦」為佛教諮商過程之基礎：

---

4 Chomphunut Srichannil, "Healing Through Culturally Embedded Practice: An Investigation of Counsellors' and Clients' Experiences of Buddhist Counselling in Thailand" (PhD diss., The University of Edinburgh, 2014), p. 10.

5 Quantar Balthip et al., "Achieving Peace and Harmony in Life: Thai Buddhists Living with HIV/AIDS," *International Journal of Nursing Practice*, vol. 19, suppl. 2 (2013), p. 12.

6 Balthip et al., "Achieving Peace and Harmony in Life," p. 10.

> 在佛教進路的諮詢中，諮詢過程是基於佛教教義中的四聖諦形成的。[7]

綜觀以「四聖諦」作為佛教諮商理論框架的論說，它們都是正確且有佛學的根據。「四聖諦」為人提供理解及處理人生苦難的框架（例如：Rajapakse, 2017；Srichannil and Prior, 2014；Balthip et al., 2013；Cheng, 2011[8]），無疑幫助案主了解和掌握自己處境的「正知見」。以「四聖諦」為佛教諮商理論的框架，筆者並無異議。然而，問題出於在重視「四聖諦」或「正知見」的同時，學者們卻往往忽視了「培福」的地位。

在上文曾引用的 Chomphunut Srichannil 論著之中，當其談到「培福」（又可譯為「累積善業」）時，作者就以「宗教習俗」去指稱案主的行為而對其重要性未有多加考慮：

---

7 R. P. C. R. Rajapakse, "Buddhism and Counseling," *Aryabhimani — Baragama ariyabodhi nahimi abinandana shasthriya lipi saraniya* (March 2017), p. 4.

8 Fung-kei Cheng, "An Exploratory Study of a Counselling Framework: Four Noble Truths and Their Multi-Interactive Cause-and-Effect," *Chung-Hwa Buddhist Studies*, no. 12 (2011), pp. 151–196.

> 多項研究報告指出，有受訪者採用宗教習俗中的培養福德（包括參觀寺廟、向佛教僧侶布施、放生、捐贈和遵守佛教的五戒）作為手段去積累善業，並去求取更美好的生活。[9]

G. H. Kethumali（2022）發表了一份關於佛教諮商如何在新冠肺炎肆虐期間協助處理家庭糾紛的研究。雖然作者在文中指出「四聖諦」、「八正道」和「業力」均為佛陀所教，乃佛教諮商不可缺少的一環，[10] 但是當提到「善業」、「惡業」、「業力」等概念時仍不免只留意到其「宗教性」而未有正視其心理治療之意義：

> 在這種情況下，人會尋求各式各樣方法來保障其生活並擺脫自身的問題。這些方法可以是正式的或非正式的。在各種方法之中，以善業、惡業和業力為基礎的宗教性緩解是為人期待的。[11]

---

9 Srichannil, "Healing Through Culturally Embedded Practice," p. 19.

10 G. H. Kethumali, "Utility of Buddhist Counselling to Reduce Family Conflicts During the COVID-19 Pandemic," *International Journal of Buddhist Social Work*, vol. 1 (August 2022), pp. 59–61.

11 Kethumali, "Utility of Buddhist Counselling to Reduce Family Conflicts During the COVID-19 Pandemic," p. 67.

又以 Barbara Dane（2000）的研究為例，她研究泰國的女性如何以冥想去處理其患上愛滋病的問題。當文中提到那些女士希望藉早上布施食物和獻花給僧人以作「培福」時，作者就以「佛教文化與靈性信念」去指稱她們的行為：

> 許多婦女帶著她們孩子去寺廟，「培福」是大多數受訪者都會進行的活動。她們討論早晨去寺廟的經歷，她們在那裏會以食物和鮮花供養僧侶。對她們來說，這是一種療癒和為更好生活做準備的方式。這也是這些婦女顯示出的佛教文化和精神信仰之外在象徵。[12]

鑒於學界之中，有輕視「培福」地位的論述，本文旨在糾正此類說法。筆者會在以下的部分提出反對的論點。不論是從佛法的層面上，還是從案主心理的層面上，「培福」都有其應被正視的重要地位；光以「宗教習俗」、「宗教性舒緩」、「文化與靈性信念」等說法去說明「培福」，這種做法難以讓人充分了解其意義。筆者將於下文從三方面論述「培福」的重要性，而且是佛教諮商不

12　Barbara Dane, "Thai Women: Meditation as a Way to Cope with AIDS," *Journal of Religion and Health*, vol. 39, no. 1 (2000), p. 17.

可忽視的一環：第一部分，筆者會在佛經中找出對「福」的描述，以支持「福」對於滅苦的重要性；第二部分，筆者會反思現存研究收集回來的訪問資料，指出學者們忽視了「培福」在案主心目中的意義；第三部分，以大覺福行中心「福慧雙增」的義工設計作為一例子。「培福」不僅僅是一種宗教行為，案主藉由「福」的概念更能理解其遭遇，並相信自己有能力藉「培福」優化自己的未來，這些心理過程都明確顯示「培福」有不可忽略的治療意義。

佛經中「福」的重要性

「福」或「善業」在佛法之中與「正知見」一樣，兩者均有著舉足輕重的地位。首先，人之所以生死輪轉不能止息，「無明」和「業力」的驅使就是箇中原因：

> 當我們現在的無明煩惱，潤生過去的業種子，使之開花結果，便成為現在的果報。現在所作的業，亦會種下未來的業種子，令生死輪轉不能止息。[13]

13 衍空法師：《正覺的道路》（香港：覺醒心靈成長中心，2015），頁36。

故此，若要離苦得樂的話，我們就要想辦法處理「無明」和「業力」。借聖嚴法師的話，「福」與「慧」屬並行而不能分割開來的：「福慧本身也一定是並行的，不要將福慧分開來看。」[14]「正知見」是重要的，因為有了「正知見」，人便可以明白苦的存在。由於佛教講三世因果，是以明白苦的存在亦即明白業力在當中所扮演的角色：

> 正確的知見非常重要，正確的知見是相信三世因果。有了正知正見後，就會相信自己這一生所受的苦，是肇因於過去無始劫以來所造的業。[15]

佛陀在不同的場合之中曾多番提及「罪」、「福」、「功德」與「苦」之間的關係。在《雜阿含經》[16]的第 46 卷，經中記述佛陀對波斯匿王說一偈曰：

> 唯有罪福業，若人已作者，是則己之有，彼則常持去。生死未曾捨，如影之隨形，如人少資糧，

14　聖嚴法師：〈如何福慧雙修？〉，原載《人生》雜誌，第 106 期（1992）；後收入聖嚴法師：《佛法的知見與修行》（台北：法鼓文化，2020）。

15　聖嚴法師：《日常生活中的佛法》（台北：法鼓文化，1995），頁 8。

16　《雜阿含經》，載 CBETA《大正新脩大正藏經》，第 2 冊，第 99 號。

涉遠遭苦難。不修功德者，必經惡道苦，如人豐資糧，安樂以遠遊。

偈中就提及到罪福業如影隨形，眾生必然遭遇苦難或安樂；又勸人需要修功德，否則必經惡道之苦。福的重要性不只在於其影響著眾生在世上之遭遇，更是成佛之重要資糧。故而，福亦堪稱世上所有力量中至為優勝的。在《增壹阿含經》[17] 第 31 卷中記述了佛陀為雙目失明的尊者阿那律穿針的事。佛陀向阿那律尊者稱「世間求福之人無復過我」，後來又向其說一偈曰：「世間所有力，遊在天人中，福力最為勝，由福成佛道。」

總括以上的內容，「福」毫無疑問在佛陀教導之中具有重要的地位。從凡夫的立場來分析，「無明」為首，推動十二因緣，鋪構出我們凡夫的入胎、出胎、身心世界、愛渴執取、老死憂悲，乃至於歷劫的輪迴。[18]「無明」是眾生生死輪轉的因由，故「如實知見」或「正知見」十分重要。然而，在六道流轉的生死過程之中，苦樂的遭遇則屬於「福」之範疇。苦是所造罪業的結果，樂是所造

---

17 《增壹阿含經》，載 CBETA《大正新脩大正藏經》，第 2 冊，第 125 號。
18 聖嚴法師：《聖嚴法師教觀音法門》（南京：江蘇文藝出版社，2010），頁 115–116。

福業的結果。[19] 因此，即使若有人求的是世間之安樂，佛陀亦勸其勤修功德。更甚者，福業之殊勝在於其並非只帶來世間之安樂自在。福業之重要性不僅在於求現生安穩後生善處，即使是意欲投生淨土，乃至上求佛道都有重要的作用。《阿彌陀經》[20] 中有言「不可以少善根福德因緣得生彼國」，上文曾引述的《增壹阿含經》亦有「福力最為勝，由福成佛道」一語。從凡夫的角度而言，福業少之眾生多遭苦難。凡夫遭苦難時又易生各種煩惱，不易離開「造惡業然後受苦報」之惡性循環。從聖者的角度而言，福業不夠亦難以有資糧救濟眾生，難以幫助眾生解脫。因而，佛陀才說自己「世間求福之人無復過我」。由此可見，佛陀教導我們「福慧雙修」是相連且並行的，而不是分開來修或者只傾重於其中之一面。借聖嚴法師在〈如何福慧雙修？〉一文之中的一句話作結：

> 但若僅修福而無智慧，便不是佛教徒；修福的人若無智慧，其所修則並不是真的福，而是煩惱；修福的人一定有智慧、沒有煩惱，才是真的福，所

19　聖嚴法師：〈第三章　斥偏淺 —— 評析習佛不了義教者〉，收入聖嚴法師：《華嚴心詮：原人論考釋》（台北：法鼓文化，2006）。

20　《佛說阿彌陀經》，載 CBETA《大正新脩大正藏經》，第 12 冊，第 366 號。

以福慧是同時並修的，故說悲智雙運，福慧雙修。[21]

案主視角下的「培福」

回顧現存研究蒐集得來的數據，一些案主／受訪者指出「正知見」對他們心理上產生正面影響，同時，他們亦表示「培福」或「累積善業」令其有所得益；然而這些資料卻往往遭到研究人員的忽視，被稱之為「宗教習俗」、「佛教文化」或「靈性信念」而已，並未有對其意義加以反思。「培福」或「累積善業」能為眾生種下善因緣，在因果法則下未來將會有善果之到來。這的確是來自佛陀的教導。佛教的因果觀涉及多期生命的觀點，有未可見、未能驗證的部分，故此難免有學人以「宗教範疇」視之。然而，案主／受訪者受此信念影響，改變了他們的行為，而在「培福」中產生一些得益，這於當事人的心理層面是「真實」的現象。我們可見到的效果包括：更能掌握生命的現況、消除面對苦難的不安和害怕、對美好的未來產生盼望等。

Quantar Balthip 等人（2013）以深入訪談之法，嘗試了解一些感染 HIV 病毒的泰國佛教徒，如何可以達致生

---

21 聖嚴法師：〈如何福慧雙修？〉。

活上的平靜與和諧。其中有受訪者指出「止惡行善」或「累積善業」可以讓其活得更健康、經濟狀況更為良好，甚至為其感到開心：

> 放棄賭博、食用新鮮和新煮的食物⋯⋯我們不需要吃昂貴的食物。在我們這裏，我們有自己的蔬菜和魚⋯⋯我們擁有什麼就吃什麼。這有助於增強我們的健康⋯⋯此外，我們不從事非法活動／不法就業；我們時不時就累積善功德。所有這些行為都在引導我們走向自給自足的經濟狀況，這是國王陛下的哲學。快樂將會到來，當我們快樂時，我們感覺良好。[22]

楊國強與周惠賢（2010）曾以質性研究方法，以信仰佛教的青少年為研究對象，探討宗教對其之影響。當中有

22 訪談內容的原文為："Giving up gambling, consuming fresh and newly cooked dishes... We don't need to eat expensive food. At our place we have our own vegetables and fish... eat whatever we have. This enhances our health status... Also, we do not engage in unlawful activities/employment; we make merit now and then. All these acts direct us to the sufficiency economy which was the philosophy of His Majesty the King. Happiness will come and when we are happy we feel good." 詳細可參：Balthip et al., "Achieving Peace and Harmony in Life," p. 10。

受訪者指出，「培福」或「累積善業」的行為可以消除對「做壞事將會有惡果來臨」的不安感：

> ……在我讀了佛教（佛教教義）之後，但仍沒有真正信仰佛教之前，我知道事實上，你不僅要承受說謊和殺人的後果（在這一生中），你在下一世可能會更加痛苦。然後我開始為此感到害怕，而我自己在之後開始做很多好事，停止做那些不應該做的事情，或者乾脆不做它們。[23]

Pranee Liamputtong 等人（2012）亦曾訪問了感染 HIV 病毒的泰國女性，當中不少都談到了佛教信仰對她們的支持。其中一位受訪者更表示，她雖然身患 HIV 病毒，但仍積極地做善事。這是因為她相信做善事可以減輕現世及來世的惡業，以期獲得更好的人生：

---

23 訪談內容的原文為："...... after I had read Buddhism [Buddhist teachings], but had not yet committed to it, I knew that the fact is you not only have to bear [the results] of telling lies and killing people [in this life], you may be even more painful in your next life. I then became fearful of that, and, afterwards, I myself had started to do many good things and to stop doing those things that should not be done, or simply not doing them anyway." 詳細可參：Gustav K. K. Yeung and Wai-yin Chow, "'To Take up Your Own Responsibility': The Religiosity of Buddhist Adolescents in Hong Kong," *International Journal of Children's Spirituality*, vol. 15, no. 1 (February 2010), p. 12。

> 因為我先前種下的惡業，所以我患上了這種疾病並於當中受了很多苦。我所在的當地寺廟的僧侶告訴我，如果我想有一個更好的生活，不再受這樣的痛苦，我必須在此生、在現在做很多好事。我便一直在這樣做。我現在經常積累善功德。每當我看到貧窮的人，我便會給他們一些錢。即使我沒有很多錢，我依然想幫助人們。對我來說，這是一種積累善功德的方法。[24]

綜合以上所引述的內容，我們可以見到案主／受訪者明確地表示「培福」或「累積善業」令其有所得益。在受訪者的談話之中，我們可以了解到「福」在其心目中之重要性。我們不應忽視「原來惡業是我患病受苦的因」、「培福能讓我感到快樂」、「止惡行善令我不再害怕未來會受惡報」、「培福能令我不再如此般受苦，並可以有更好

---

24 訪談內容的原文為："Because of my wen kam, I suffer a lot from this illness. The monks at my local wat [temple] told me that if I want to have a better life and not to suffer like this, I must do a lot of good things in my life now. I have been doing it. I tham bun [make merit] a lot nowadays. Whenever I see poor people, I will give them some money. Even though I don't have a lot, I still want to help people. It is a way for me to tham bun." 詳細可參：Pranee Liamputtong, Niphattra Haritavorn and Niyada Kiatying-Angsulee, "Living Positively: The Experiences of Thai Women Living With HIV/AIDS in Central Thailand," *Qualitative Health Research*, vol. 22, no. 4 (September 2012), p. 446。

的人生」等內容。這些內容並不是偶爾出現的個人說法。不同研究的案主／受訪者都對「培福」或「累積善業」有如此的描述，這現象值得研究人員正視「培福」在心理學或諮商上的意義。不少研究僅以「宗教習俗／信念」去概括案主／受訪者這些想法和行為，這無法讓我們深入且全面地了解他們的心理。再者，在現存的研究之中，有學者曾以量化研究進路探討「培福」對心理健康的影響。Vanchai Ariyabuddhiphongs（2009）用問卷調查的方式收集了 400 位佛教信徒的數據，研究指出「培福」行為對於案主／受訪者的宗教的正義感及生活滿意度均有正面影響。[25] 本文行文至此，旨在論證佛教諮商除了以「正知見」為理論框架之外，學者們亦應該將「培福」對案主／受訪者所產生的心理意義納入考慮。

「培福」在佛教諮商中的效用

綜合現存研究的數據，佛教「福」的概念明顯對案主／受訪者產生出一些對心理健康有正面影響之效益。在

25 Vanchai Ariyabuddhiphongs, "Buddhist Belief in Merit (Punña), Buddhist Religiousness and Life Satisfaction among Thai Buddhists in Bangkok, Thailand," *Archive for the Psychology of Religion*, vol. 31, no. 2 (May 2009), p. 205.

案主／受訪者的表述中，「福」的概念讓他們了解現況／困境之緣由，讓他們覺得可以處理現況／困境，亦令他們心生承擔感和責任感。這三點正是安東諾維斯基（Aaron Antonovsky）在其《解構健康之謎》（*Unraveling The Mystery of Health*）一書中所提出的理解能力（comprehensibility）、處理能力（manageability）和意義感（meaningfulness）。若有人能夠在其生活中貫徹此三點，那麼這人就擁有很強的「條理感」（Sense of Coherence, SOC）。安東諾維斯基將「條理感」的定義為「一種整體性的定位和方向」。「條理感」反映出一個人自信感程度，這種自信感來自以下三個方面：（一）生活中的刺激（包括來自個人內部及外部環境兩種來源）是具有結構、可預測和可解釋性；（二）有足夠的資源來應付這些刺激衍生之要求；（三）這些刺激衍生的要求是值得投身和參與之挑戰。[26] 按照安東諾維斯基的說法，若然一個人的「條理感」越強，他就越有能力去處理壓力並保持心理健康。

什麼是壓力？安東諾維斯基引用拉薩魯斯（Richard Lazarus）及福克曼（Susan Folkman）的定義，指「心理壓力是個體與環境之間的一種特殊關係，個體將其評估為

26 Aaron Antonovsky, *Unraveling the Mystery of Health: How People Manage Stress and Stay Well* (San Francisco: Jossey-Bass, 1987), p. 19.

超過自身資源負荷或威脅到個體福祉的狀態」。[27] 那麼，為什麼「條理感」越強就越是有能力去處理壓力呢？安東諾維斯基指出「條理感」越強的人更傾向於將生活中的刺激定義為非壓力源，自然而然地認為自己能夠適應生活上的要求。[28] 簡而言之，在安東諾維斯基的理論框架中，心理壓力之所以出現並對個體構成影響，當中涉及個體對於自身能力與環境要求之評估。「條理感」強的個體自信自己能理解及解釋生活中出現的刺激，不認為自己生活在混亂和意外之中（理解能力）；[29] 自信自己有足夠資源來應付生活上的刺激，不管這些資源是來自個體自身或來自個體信任的對象，例如配偶、朋友、上帝等（處理能力）；[30] 自信自己參與自身命運塑造的過程（意義感）。[31] 因為「條理感」強的個體擁有這三種特質，所以在評估自身能力與環境要求的時候，他們自然傾向較少將生活中的刺激評估為超過自身負荷的情況。故此，「條理感」強的個體往往更能面對環境要求，不容易視之為壓力並保持心理健康。

反思「福」的概念對案主／受訪者的影響，「福」對

---

27 Richard Lazarus and Susan Folkman, *Stress, Appraisal, and Coping* (New York: Springer, 1984), p. 19.

28 Antonovsky, *Unraveling the Mystery of Health*, p. 132.

29 Antonovsky, *Unraveling the Mystery of Health*, pp. 16–17.

30 Antonovsky, *Unraveling the Mystery of Health*, pp. 17–18.

31 Antonovsky, *Unraveling the Mystery of Health*, p. 18.

他們的理解能力、處理能力和意義感均有正面影響，進而有可能提升他們的「條理感」。就「理解能力」方面而言，「福」的概念為案主／受訪者提供了一個進路去理解他們的現況。有受訪者表示她不再因身患絕症而怨天尤人，因為她明白到現在的苦況是果。「如是因，如是果」，她的患病不是出於偶然、意外或不幸。她患病是因為之前累積的善業不足，甚至是累積了惡業所致。就「處理能力」方面而言，「福」的概念為案主／受訪者提供了一個方法去改善他們的現況，乃至未來的情況。佛教不主張命定論，人是可以透過聽聞佛法、依教奉行去優化其遭遇。「止惡行善」不只能求得現世安穩、後生善處，佛陀明言「福」對於成佛道都至關重要。「福」的概念為案主／受訪者提供了應付壓力源的道路，他們相信積極止惡行善能為改善自身遭遇累積資源。就「意義感」方面而言，「罪」、「福」、「業」的概念讓案主／受訪者知道自己是能夠塑造自身命運的。佛經謂「罪福業」乃「生死未曾捨，如影之隨形」，人應當為自己的行為和命運負責。相信「福」的概念亦即相信自己能參與命運塑造的過程。因此，我們可以見到，有案主／受訪者即使已面臨死亡，仍在積極地止惡行善，並表示這是承擔過去的不足，同時正在為未來的命運負責。

由此繼續作出推論，筆者認為「福」的概念同樣有助於增強個體的「條理感」。我們可以假設有一位沒有宗教信仰的案主，並在他的視角觀其罹患危疾之狀況。罹患危疾之因大概是基因問題、生活習慣原因、某或然率之不幸等；能不能治癒，則大概涉及疾病嚴重程度、醫生的技術、藥物和療法之可靠性等因素。以上列舉的事物，當中有多少是案主能夠自行掌握的呢？從以上引述過的研究可見，「福」的概念增強了案主／受訪者的「條理感」。即使一些案主／受訪者是身患 HIV 之病人，他們因其佛教信仰，以「福」的概念理解和處理他們的苦，更嘗試積極地止惡行善以塑造自己今生後世的命運。「福」的概念令罹患絕症的受訪者沒有感到窮途末路，而是提供一個思想框架讓其在絕處仍能掌握和塑造自己的命運。筆者認為學界應正視「福」的概念在佛教諮商和心理治療中的地位。

大覺福行中心「福慧雙增」的義工設計

在傳燈法師、定培法師及梁佩嫻女士參與的三場訪談之中，他們三位均表示大覺福行中心非常重視義工的組織和培訓。從傳燈法師的訪談得知，中心對於義工的參與十分重視，當中的原因有二。

首先，礙於一般大眾對出家人身分的不了解，因此大覺福行中心多數由義工提供前線關懷服務（包括院侍和長者服務）工作，僧眾則在背後為義工提供培訓。第三章曾指出箇中因由，此處不再贅述（可參考「在香港進行醫院探訪服務」一節）。然而，時至今天，即使香港社會對出家僧眾的印象已大有改善，前線工作者仍保留以義工為主力的做法仍然未改，傳燈法師解釋這是基於另一個重要考慮。

大覺福行中心至今依然繼續以義工為主力的設計，原因是容讓義工們有「種福」和學習正法的機會。在傳燈法師的眼中，為社會提供關懷服務的過程中，受益的不只是接受服務的對象，義工們也是受惠的一群。更準確地說，義工們在整個關懷服務工作中是最為受惠的一群。從佛法的角度而言，福德和智慧兩者非常重要，缺一不可。《大智度論．卷十五》中有言：「欲成佛道凡有二門，一者福德，二者智慧。行施、戒、忍，是為福德門；知一切諸法實相摩訶般若波羅蜜，是為智慧門。」從福德一門來說，看病（又稱瞻病）正是所生之福德最大的一種布施。根據《梵網經．盧舍那佛說菩薩心地戒品．第十卷下》所載：「若佛子！見一切疾病人，常應供養如佛無異，八福田中看病福田第一福田。」大覺福行中心的院侍工作強調以病人為本。在參與院侍服務工作期間，義工會將自己的宗教取向放下，將病人的需要放在首位。每一位義工的目標只有「關懷病人」。他們會陪伴著病人，聆聽他們希望表達的，用同理心了解他們心中所想；只有在病人表示他們有靈性上的需求、宗教上的問題，或想傾訴生命意義上的事情時，這時候義工們才會與他們分享佛法。大覺福行中心這種做法符合了佛陀在《四分律・卷四十一》所提及的「瞻病五法」，當中指出：「一、知病人可食不可食，可食能與。二者、不惡賤病人大小便唾吐。三者、有慈愍心，不為衣食。四者、能經理湯藥乃至差若死。五者、能為病人說法，令病者歡喜，己身於善法增益。」在現今社會，醫院會為病人準備食物和湯藥，又有職工為病人處理大小便和唾吐；義工若能以慈悲心關懷病人，並在其有心靈需要時為其說法，無疑已儘可能符合佛陀所教。在傳燈法師的說法中，這樣「培福」、「種福」是為了義工自身的福祉。

從智慧一門來說，義工在開展任何服務工作之前，中心會以佛法和「正知見」裝備好他們。從訪談中得悉，大覺福行中心對於義工的培訓十分注重。根據傳燈法師的說法，中心對於義工培訓的重視並非出於一種「職前訓練」的邏輯，而是有以下兩個層面的意義：做義工的人以及受助的人兩方都懂得知苦、離苦。

第一，基於要對社會大眾及受助者負責，大覺福行中心對義工的培訓有很高的要求。這是因為義工代表佛教團體的身分去服務大眾，他們的一舉一動都會影響大眾對於佛教的看法。若盼望佛教在未來有更多機會去服務香港社會，那就必須要做出好的成績口碑，長期目標是讓大眾接納佛教團體提供的服務，接納佛教；義工培訓之所以重要，也是因為他們的工作直接能影響受助者。按定培法師的分享，院侍服務的宗旨是要以人為本。醫院關懷要以病人出發，令到病人感到安心。因此，讓病人安心永遠是放第一位的。然而，若病人有心靈上的需要，義工們亦需要有能力去宣揚佛法的「正知見」，讓病人了解佛陀教人離苦得樂的智慧。

第二，雖然義工是代表中心去提供服務，但是他們本身亦是關懷和照顧的對象。義工培訓是一種契機，去讓義工有更多機會去聆聽佛法，希望他們能夠藉此慢慢朝著自身的開悟、了煩惱、了生死的方向進發。是以，大覺福行中心的義工培訓存有教育義工（自利）以及利益受助者（利他）兩種意義。

討論、反思及展望：新的 TIRA 模式

是次研究旨在重新評價「福」的概念在佛教諮商和心理治療中之重要性。學界之中有部分學者僅重視「正知見」而輕視「培福」。他們提出「正知見」為佛教諮商的框架，卻只以「宗教習俗」去描述「培福」。鑒於這種論

述既未完全符合佛陀所教，亦未充分解釋受訪者報告的心路歷程。選擇「正知見」為佛教諮商的框架並未違反佛陀所教，然而未有「福慧」兼備的框架，亦難以算是完整和全面的理論。本章從佛經原文以及現有研究收集回來的受訪內容，加上參考大覺福行中心的義工設計為支持，用以論證「福」的重要性。在解說受訪內容的同時，筆者亦嘗試以安東諾維斯基的「條理感」理論對其作出分析。由分析中可見，「福」的概念令案主／受訪者能夠理解及處理自己的問題，更積極地塑造自己生命及未來。從安東諾維斯基理論進行分析，「福」的概念有助提升案主／受訪者的心理健康。故此，「福」的概念亦應該納入佛教諮商和心理治療的理論框架之內。

Soree Pokeao 被認為是研究佛教諮商的先驅學人。他曾在 2010 年撰文為佛教諮商提出一套基礎理論框架，[32] 該理論被稱之為 TIR 模式。在這套理論中，T 為 tuning in（聆聽）、I 為 identifying split（識別）、R 為 realisation（覺知）。在首階段的 tuning in（聆聽）之中，輔導員專注聆聽，嘗試從案主角度深入了解他的經驗，這樣可使輔導員能真切明白案主之苦。在明白案主之苦後，identifying

32 Soree Pokeao, *An Application of the Four Noble Truths to Counselling Process for Developing, Treating, and Healing: Concepts, Ways, Experience and Research* (Bangkok: Chulalongkorn University, 2010).

split（識別）階段正如「四聖諦」中的「集諦」一樣，輔導員要就案主提出的問題思考其因由和根源。最後，在 realisation（覺知）階段，輔導員要協助案主前進，放下自身的執著，接受目前的情況；藉著讓案主接受現況，從而令其痛苦減輕。Pokeao 這套理論框架糅合了「四聖諦」的智慧。考慮是次研究所得，筆者認為在 tuning in（聆聽）、identifying split（識別）及 realisation（覺知）之後，應該加入 action（行動）的階段，而成為 TIRA 模式。在 A 的範疇中，可以包括停息罪業及累積善業的行為，如「持戒」、「忍辱」、「布施」等。TIR 模式的優點在於讓案主了解自身的苦況、苦因，以及在認知上放下執著以減輕其苦；加入了 A 之後，輔導員更是可以讓案主知道，他們可以藉由「培福」掌握和塑造自己的命運。佛教諮商不僅可以助人「離苦」，同時亦可以幫人「得樂」。這樣的理論框架，相信能更全面地汲取佛陀的智慧和佛法的好處。

正如在大覺福行中心「福慧雙增」的義工設計上，我們可以見到 action（行動）的重要性。法師們在教導義工團隊佛法的「正知見」後，讓他們有服務社會的機會，將佛法實踐出來。藉由當義工服務社會，義工在助人「離苦」的同時，亦為自己「培福」。大覺福行中心的義工團隊有非凡成長，更是因為這個 action（行動）的機會並不限於中心的信眾，而是將機會給予曾獲幫助的人士。按照傳燈法師多年來的院侍服務經驗，受助者有時候會成為助人者。中心、義工與受助者的關係，有些時候並不因受助者的康復而結束。有些受助者因接受過院侍服務而跟中心結了緣，在接受服務時認識了佛陀的教導，並於康復之後出席中心活動，甚至成為了佛教徒。有些受助者認同中心的理念，繼而有志成為義工進行服務，他們在培訓後均可成為中心的義工團隊之一分子。大覺福行中心這種「正知見⇆培福行」的義工設計，讓參與者既得「正知見」，又得實踐「培福」，成就了佛陀「福慧雙增」的教導。

反思本章的不足之處及展望未來研究，本文旨在對現存研究作出反思，難免側重了理論性的推演。文中雖然參考了大覺福行中心的義工設計，以及引用了一些受訪者的言談，可是那些受訪者的訪問研究，終究是前人收集回來的數據，並非專門為是次研究而收集。筆者期望，未來有機會就「培福」與心理健康之關係作出實證性的研究，以了解「福」與「條理感」之間的關係；更進一步來說，期待未來有更多數據去驗證本文提出的 TIRA 模式，檢視這新模式能否成為佛教諮商有效的理論框架。

小結

佛教諮商理論和心理治療方法，在近數十年發展蓬勃。新的心理治療方法層出不窮，如正念認知療法、正念減壓療法、正法治療模式等。佛教的諮商及心理治療方法不只流通於佛教界，近年更漸漸地被諮商和輔導業界所採用。本章回顧和檢討現存論述，以及參考了大覺福行中心的義工設計，了解現有理論的優點及有待改善之處，以期佛教諮商在未來有更好的發展。筆者在文獻回顧中發現有部分學者提出的佛教諮商模式側重於「正知見」的建立，忽略「福」在佛法中的重要性。筆者認為用「正知見」建立佛教諮商的理論框架是正確的，只是在重視「正知見」的同時，亦應該注意到「福」的概念在佛法中同樣重要。雖然此章的論述焦點在於佛教諮商理論和心理治療方法，但是筆者希望所提出的 TIRA 模式，能成為佛教團體在設計社會服務上的一個參考。

05

基督宗教與香港社會服務

黃大德

正如第二章〈宗教與香港社會服務小史〉提及，基督宗教（基督教與天主教）在香港的社會服務或福利慈善工作之參與、建立及發展都扮演著一個與政府並肩合作的「伙伴」角色，發揮「慈善團體」的功能，達致「社會公益」的最佳效果。從戰後到回歸前夕，港英政府在社會福利服務的推行上，可謂主要依賴基督宗教或其他宗教團體的分擔和參與，尤其是英國國教聖公會與天主教這類建制教會對社會福利事業的建設最為明顯。從特定的歷史條件及客觀的社會功效可見，沒有基督教與天主教教會團體的協助及支持，港英政府在推動社會服務及執行政策上定必事倍功半。這些宗教社會服務團體的影響力一直維持至回歸後的今天，從未間斷。就以歷史的評價來說，基督教與天主教撐起了香港社會服務事業的半邊天，的確也不為過。

是次研究以佛教與香港社會服務的論述為核心，故前面的章節以佛教的經驗為主。然而，筆者認為若能與另一宗教作出對比，那更能對照出彼此的優勢與困難，並從中互相學習。本章以「基督宗教與香港社會服務」為主題，嘗試了解以下問題：基督宗教有何種服務社會的理念呢？基督宗教面對處理宣教和服務人群，孰輕孰重？教廷、教會是佛教的結構中所沒有的，它們在基督宗教進行社會服務扮演著怎樣的角色呢？佛教與基督宗教之間到底有哪些異同之處？本章會從宗教神學和哲學理念方面，探討基督宗教參與社會服務的倫理關懷，並介紹幾個本地著名的基督教與天主教社會服務團體；最後，以佛教與基督宗教在社會服務的參與及慈善工作的作業模式進行類型性比較來作總結性分析。

基督宗教之社會服務理念

與佛教參與的社會關懷工作相比，基督宗教的社會服務工作在歷史上也發展了獨特的宗教信念、倫理關懷與實踐模式。現在社會上普羅大眾相當熟悉的基督徒「慈善工作」或「福利救濟」，皆可以籠統地概括為基督宗教對於「服務」這種與人群互動相關的宗教倫理。

「服務」一詞源自於希臘詞語「διακονία」，或可以英文字母拼寫為「diakonia」，原義是指個人關懷別人的倫理行動，未有顯著強調社會服務的意思。[1]與這個希臘詞語「diakonia」較近的英文翻譯，可以是名詞「service」（服務），也有譯作「ministry」（職事）、「relief」（救濟）或「support」（支援）。在中文基督宗教的翻譯語境使用上，除了譯作「服務」，也可以譯作「服侍」，即是服侍他人或凡有需要之人。至於在香港，誠如信義宗神學院助理教授曾浩賢牧師所言：「因著傳教歷史，過去我們很少用『Diakonia』這字，較習慣使用『社會服務』（social service）。」[2]翻看新約《聖經》，「diakonia」一詞曾出現多次，[3]散見於〈使徒行傳〉／〈宗徒大事錄〉或使徒保羅／保祿的書信中，中文譯作「職事」或英文譯作「ministry」，可解作受上帝或教會長老差派去「服務」他人或教會群體，例如對有需要之人進行救濟工作或分派食物的行動。

---

1 基督宗教神學討論所用的「服務」一詞，其字根源自希臘文字 *diakoneō*，其英語表達可轉譯為 diakonia 或 diaconia 一字，是指以行動和說話服務或服侍最有急切需要或處於困乏的窮人。詳見 Erwin Fahlbusch et al., *The Encyclopedia of Christianity, Volume 1 (A–D)* (Michigan: Eerdmans Pub Co., 1998), pp. 830–835。

2 曾浩賢：〈我們的「Diakonia」基督教社關服侍的理念〉，收入基督教香港信義會社會服務部編著：《服侍 Diakonia：從社會服務到社關服侍》（香港：基督教香港信義會社會服務部，2022），頁 7。

3 丹麥基督教神學家廖約翰（Johannes Nissen）指出：「用 diak- 字根的希臘字在新約聖經中出現了約一百次：以名詞出現的 diakonia（服侍），以動詞出現的 diakonein（作服侍）或專有名詞出現的 diakonos（服侍者或執事）。」見廖約翰著，張寶珠譯：《基督教社關服侍》（香港：信義宗神學院，2017），頁 27–28。

「服務」一詞在新約《聖經》中的使用具有兩個含義：（一）倫理行動：「服務」作為一種關懷他人的愛德行動；（二）神職制度：「服務者」在往後教會歷史中的神職制度（ecclesiastical hierarchy）發展上成為一種教階或神職人員，即是服從教會長老或主教的吩咐，被派遣去幫助有需要服務之人。簡而言之，「服務」是基督徒的「信仰」實踐，構成基督徒身分與靈性生活的一個倫理要求、一種慈善（charity）或善功（merit），也被視為一項德行（virtuous act），具備了社群性意義（social community）的行動。

作為一種道德行動的「服務」，在新約《聖經》的用語中是指向「服務窮人」，即是為貧窮人的服務，提供生活所需，例如為窮人提供飯食（〈使徒行傳〉／〈宗徒大事錄〉6:1-2），又或者將食物分給飢餓者、將活水分給口渴者等（〈馬太福音〉／〈瑪竇福音〉25:44）。耶穌基督用祂的一生去實踐「服務」的身教，成為謙卑的「服事者」，與窮人為伍，又宣稱：「誰願為首，就必作眾人的僕人。因為人子來、並不是要受人的服事，乃是要服事人，並且要捨命，作多人的贖價。」（〈馬可福音〉／〈馬爾谷福音〉10:44-45）例如祂在最後晚餐中為門徒洗腳，本為學生的老師，反倒變成他們的下屬，有如款待客人般表現謙遜的服侍，給他們作僕人的榜樣，說明了如何實踐無私奉獻的精神。在耶穌的證道中，「愛鄰舍」的倫理教導最能說明

「服務」的意義。據新約《聖經》的〈路加福音〉10:25–37所載，耶穌談及「好撒瑪利亞人」的故事和「愛德新戒命」。此外，〈約翰福音〉／〈若望福音〉13:33–35亦都指出愛鄰舍與愛上帝是信仰實踐的一體兩面。信徒愛上帝的心意可以在愛鄰舍的無私關懷行動中表現出來，也是「施比受更為有福」（〈使徒行傳〉／〈宗徒大事錄〉20:35）的真諦。綜合新約《聖經》所述，耶穌在世最後三年的傳道生涯正是以關懷大眾來展示和見證愛德服務的重要。耶穌傳揚天國福音的過程中，同時展現了對大眾身心靈的全人關懷，包括醫病、趕鬼、施行神蹟等。這份愛德服務充分展示出博愛的價值，見證神愛世人的精神；但同時亦關顧窮人、病人、罪人及一切弱勢邊緣社群的需要。這反映出「愛鄰舍」的倫理教導除了無私關懷之外，亦兼顧了對社會公義的要求。

作為一種教會職務的「服務」，在新約《聖經》的記載中已經提及這種職務，即是指那些擁有特殊恩賜或神恩的「服務者」，蒙神呼召及被揀選，也被教會長老或牧師按立為「執事」或「會吏」。「執事」一職起源於效法耶穌終身以「服務」為最大使命的榜樣，所以也是以「服務」為專職的一個教會工作崗位。新約《聖經》中的使徒保羅也將「服務」理解為使徒的工作（〈哥林多前書〉／〈格林多前書〉3:5；〈哥林多後書〉／〈格林多後書〉6:4），甚至是一種恩賜（〈羅馬書〉12:7）。教會擴展的初期，使徒一眾除了熱心傳道之外，還特定選派德高望重的男性信徒專責以服侍教會會眾為己任。隨著教會人數增長，這種安排逐漸演變成一種神職人員的制度，即是日後教會體制內所謂「執事」（*diákonos* / deacon）的職務（〈使徒行傳〉／〈宗徒大事錄〉6:1–6）。「執事」是天主教、東正教、聖公會或某些基督教教會歷史發展上，被確立起來的三品聖職制度中最低級的一個職級（三品聖職中，往上順序為司鐸和主教），即是晉升司鐸（神父）、牧師或長老前的預備職級。執事受教會的司鐸或牧師差遣成為助手，服從上級指示，輔助傳教，充當總務、僕人或信差的角色，主要負責處理日常實務工作，包括膳食、捐獻、救濟、探訪、接待和照顧等慈善工作，也被視為今日教會慈善福利服務的雛型。據新約《聖經》的〈使徒行傳〉／〈宗徒大事錄〉第 6 章及第 7 章所言，聖人司提反／斯德望（Stephen）是初期教會最為著名的執事，被使徒差派為教會信徒服務，處理分送飯食的工作，卻在爭執中被受煽動的群眾誣告陷害，最後被石頭砸死，為信仰殉道，成為教會史上第一位殉道者。自此以後，從事執事職務的信徒，也因著司提反的忠信榜樣，被要求具備高尚的品德，廣受教內牧師及信徒尊敬。

從創教之初，「服務」已經在基督宗教的教義與倫理教導佔據重要一席，由個人的實踐延伸至群體的工作，其服務關顧對象由教內的信徒轉向教外的社群。無論服務的對象是教內或教外的需要者，基督徒的服務總會與一般世俗倫理、其他宗教或道德理念的服務有所區別，而且其目標也不是要發展成為一個慈善團體，反而是帶著福音精神謙卑地去愛人、服事世人、見證上帝天國的降臨。丹麥基督教神學家廖約翰（Johannes Nissen）認為，基督宗教的服務從初期教會起便包含兩個「向外」與「向內」的任務：（一）探訪：信徒走出教會去服務有需要的地方及被主流社會所排斥的邊緣群體，例如窮人或病人；（二）接待：以開放的態度去接待鄰舍及旅客，邀請他們加入教會的團契，與所有信徒一起共膳，一起崇拜上帝。[4] 換言之，「服務」必須與「傳教」一起配合，發揮宗教信仰的見證功能。這種以「見證」為導向的「服務」也是日後教會在現代世界參與社會服務的雛型。與昔日處於社會邊緣的初期教會和教權（ecclesial power）至上的中世紀教會不同，在講求權利與法治的世俗社會中，現代教會作為宗教團體，受到法律體制保障，與其他宗教處於平等地位。就神學教義而論，教會團體在現代世界中參與社會的福利服務，無論稱為「社會服務」（social service）、「社會關懷」

4　廖約翰著，張寶珠譯：《基督教社關服侍》，頁 137–138。

(social concern)、「社會工作」(social work)、「社會行動」(social action),還是「慈善事業」(philanthropy)或「慈善行動」(charity),都是結合宗教理念和倫理關懷兩個面向的信仰實踐。

基督宗教參與社會服務是具有一定的神學和哲學理據。據《聖經》記載,以上帝救恩拯救世人脫離罪惡及死亡的詛咒一直都是基督宗教所傳所信的福音。這個福音是「拯救全人的整全福音」,正如前香港基督教循道衛理聯合教會會長盧龍光牧師所言:「重視人的靈、魂、體的整全性與對上帝拯救的需要,警覺罪惡權勢對個人與群體的侵蝕與破壞力,宣揚個人與群體皆需要回轉與更新的福音,顯明上帝在歷史中的能力以及見證上帝在今天與將來的信心與盼望。」[5] 上帝的救恩不單觸及個人的皈依,也關顧社群的需要,並且擴展至整個宇宙眾生的更新改變。一切眾生都是由上帝創造,人類更是上帝按照自己形象所造,被授予管理土地與眾生的任務。這正是上帝創造的目的,要造「一個有秩序受管理的群體,可以說是一個彼此和諧地配合的社會」。[6]

---

5 盧龍光:〈基督教社會服務的神學基礎〉,收入李志剛主編:《基督教與社會服務》,頁 11。

6 盧龍光:〈基督教社會服務的神學基礎〉,頁 13。

然而，人類背棄上帝以致罪惡的出現，破壞了人與上帝、人與人及人與萬物之間的和諧關係，製造了疏離與分裂。救恩的目的就是要使因罪惡導致疏離的眾人都合而為一與彼此和好。這兩個「合一」與「和好」的主題時常在保羅書信中出現。保羅強調，信徒因信稱義與上帝和好，又與眾人和好，跨越種族、階級、性別的分野，「不分猶太人、希臘人、自主的、為奴的、或男或女，因為你們在基督耶穌裏都成為一了」（〈加拉太書〉／〈迦拉達書〉3:28）。傳福音就是勸人與上帝和好及勸人彼此和睦的行動。這個彼此和睦的行動與彼此相愛的要求可謂相輔相成。正如耶穌所言，「愛鄰舍」的要求，不只是友人，也要擴展仇敵，甚至在「弟兄中最小的一個」陌生人身上，就是看見那些被社會遺棄的不幸者在有需要之時，無論飢餓、貧困、患病或被囚，都給予看顧和支援。也是這些愛德的「善行」成為世界末日最後審判、區分好人壞人、誰能進入天國承受永生的標準（〈馬太福音〉／〈瑪竇福音〉25:31–46）。毫無疑問，教會團體強調「傳教」與「服務」兩者的配合，正是基督徒實踐耶穌教誨與見證天國在人間的標準，也是建立教會與社會友善關係的指標。

聖與凡之間的角力

自教會在耶路撒冷建立初期，基督徒的信仰實踐總是受到一種來自「神聖」（sacred）與「世俗」（secular）兩者角力之間所激起的挑戰。教會一方面教導信徒，在世界末日之前，應以傳揚耶穌基督的福音為「大使命」（Great Commission），勸導世人悔改歸主，接受救恩，促進教會增長，擴展天國；另一方面又要提醒信徒，除了屬靈的信仰皈依，也不忘倫理責任，愛護一切貧窮、飢餓、患病、罪犯及邊緣社群，關懷他們的需要。回顧當初耶穌在世的教導，已經囑咐門徒要生活在世而又不歸屬今世，因為祂所見證的天國不屬於這個世界，也不寄望死後世界，而是超越世界。的確，耶穌關懷邊緣社群的行動對當時的猶太人傳統宗教信仰及社會建制帶來激盪。然而，耶穌並不熱衷社會改革或社會服務，更不是搞革命、組織新社團或倡議新體制，甚至在世時候也沒有建立教會或教派。相反，祂的教誨相當單純，重視個人的悔改皈依和更新改變，其餘的倫理教導主要圍繞「愛鄰舍」的要求，並且也為了迎接天國的來臨而準備自己的內心與德行。就如 20 世紀德國宗教歷史學家恩斯特・特爾慈（Ernst Troeltsch）在其名作《基督教社會思想史》（*Die Soziallehren der christlichen Kirchen und Gruppen*, 1912）中指出：

「基督教的理想，毋寧是放棄一切唯物的社會理想，尤其是政治與經濟上的價值，而轉向心地的寧靜，對於人類的愛，和上帝交通等等的靈性價值。」[7] 假如，「把耶穌的教訓看成是自始和社會問題相關聯的，便是一個極大的錯誤了。耶穌的教訓顯然地是完全宗教性的；它的基礎是祂關於上帝和上帝對於人類旨意的確定觀念。對於耶穌來說，生命的整個意義都是屬於宗教性的；祂本人的生活與教訓都是完全由祂的上帝觀而決定的」。[8]

據新約《聖經》記載，及至耶穌升天離世後，教會才以有形組織的形式出現，信徒主張在團體中實行「凡物公用」，分享財產，犧牲奉獻，表達互愛（〈使徒行傳〉／〈宗徒大事錄〉4:32–37），有如「一種宗教性的愛的共產主義」，[9] 體現一種公社精神。隨著教會傳教工作的擴展，信徒在當時羅馬社會上的日常生活見證顯得相當重要，慈善救濟成為教會實踐「愛鄰舍」的耶穌教導之最好途徑。特爾慈指出，縱使西元 1、2 世紀初期，教會被羅馬帝國政府禁制而處於邊緣或被迫害的境況，未能參與任何主流社會活動，但是仍然在民間展開活躍的慈善工作，

7　特爾慈著，戴盛虞、趙振嵩譯：《基督教社會思想史》（香港：基督教文藝出版社，1960），頁 25。
8　特爾慈著，戴盛虞、趙振嵩譯：《基督教社會思想史》，頁 27。
9　特爾慈著，戴盛虞、趙振嵩譯：《基督教社會思想史》，頁 40。

令慈善服務作為「治療社會各種創傷的辦法」。[10] 據特爾慈分析：「慈善工作的目的，並不在於糾正社會的錯誤，也不是什麼剷除窮困的努力，而是在啟示與喚醒那基督所表現並灌輸於人的上帝的愛，教會最為關心的，乃是表示愛和喚醒對愛的響應。它所實際完成的救濟，便是這種精神的後果，而不是教會的本意，但是這種使災難得到救濟的愉快效果，其本身便足以證明愛的這種新的原則，是出自上帝的。」[11] 直到西元 3 世紀，教難平息，教會進入羅馬帝國「國教」時代，信徒在社會上的宗教生活開始「合法化」或「正常化」。那時在信徒之間普遍瀰漫著一股「遁世主義」的思潮，修院團體的生活及制度隨之大行其道。作為一種宗教靈修生活的形態，「遁世主義」與「修道主義」是一對孿生子，與「末世論」的信念相連。當時有不少信徒認為神聖教會與邪惡世界兩者二元對立，相信世界末日和耶穌即將再臨審判世人，所以輕視或否定一切世俗價值，迴避社會責任，與現世保持距離，主張「不介入」社會的態度，只有宗教的克己修行才是人生唯一的出路。然而，慈善服務卻經過修院制度而被吸納到教會的體制之內，成為修院常規的服務工作。在篤信末日將至的基

10 特爾慈著，戴盛虞、趙振嵩譯：《基督教社會思想史》，頁 115。
11 特爾慈著，戴盛虞、趙振嵩譯：《基督教社會思想史》，頁 116。

礎上，與虔誠度日救贖靈魂的重要性相比，慈善服務所關注的人性及物質救援只屬於「暫時性」需要。從事慈善服務工作，成為修士修女的責任，或是信徒的善工、美德和見證。這種為修道生活充當「輔助」角色的慈善服務一直發展到中世紀，達到頂峰。由於中世紀教會以教士階層為主的宗教權威統領了人民社會生活的所有層面，統一了整個歐洲文化，實現了一種普世性而又組織龐大之大公教會（Catholic Church）神權政治理念，故教會與社會之間再沒有區別。最為著名的中世紀經院哲學及神學家多瑪斯．阿奎那（Thomas Aquinas）也將人類的所有社會及文化活動納入基督宗教倫理神學體系的議題中，完全體現教會與社會的絕對整合。在「教會即社會」及「社會即教會」的背景下，慈善救濟就是教會在社會上的日常工作。

研究中世紀歐洲的歷史可知，教會與社會的完全結合無疑是緩解神聖與世俗兩者張力的一種嘗試。縱然如此，隨著宗教改革引發原先大一統的大公教會分裂之後，歐洲各地民族國家日漸興起，要求政教分離或廢除教會權威的呼聲此起彼落。由現代啟蒙科學思想激發的世俗化浪潮一發不可收拾，以致天主教或基督教各個教派都無法迴避「聖俗二分」的信仰難題。例如，16 世紀德國基督教神學家馬丁．路德（Martin Luther）提出「雙重國度」理論，指出生活在現代社會的基督徒，同時具有天國子民與地上國民的雙重身分，對教會和社會均有倫理責任。這種主張基督徒在身處聖俗二分張力中去實踐信仰的理解成為現代教會參與世俗社會服務的神學方向。雖然如此，如何平衡「傳教佈道」與「社會服務」兩者優次的實踐問題在教會內掀起了不少爭議。這些爭議促使天主教與基督教各派發展不同有關「服務」的神學觀念及倫理行動。在基督教方面，由 19 世紀末到第一次世界大戰前夕於美國本土興起的「社會福音」運動（Social Gospel）可謂是最經典的例子，其中以華盛頓．格拉登（Washington Gladden）、理查德．伊利（Richard Ely）和沃爾特．饒申布士（Walter Rauschenbusch）的貢獻最為突出，甚至發展成為一種「基督教社會主義」（Christian socialism）政治神學。受 19 世紀的德國新教自由主義神學和歐洲社會主義思潮影響，美國的社會福音運動針對資本主義社會扭曲人性的弊端，強調社會整體救贖的「社會福音」，指出「上帝國」（Kingdom of God）才是耶穌宣講福音的中心，而非宗教私人化所注重的個人靈魂得救死後上天堂的「個人福音」。「上帝國」不只是一宗教的概念，而且更是倫理、政治、經濟和文化的社會概念。「傳福音」就是將耶穌的教導應用到社會改革上，促成上帝國在人間實現。饒申布士在《社會秩序基督教化》（*Christianizing the Social Order*, 1912）一書中主張，上帝國的實現，旨在將社會秩序「基督教化」，打擊社會罪惡，批判資本主義陋習，透過社會服務，改正人倫關係和道德風氣。耶穌就是社會服務最完美的榜樣。正如饒申布士所言：「宗教和倫理的結合在耶穌的生命和心智中達到了最高度的完美。」[12] 耶穌以祂道德崇高的人格感召，向世人宣揚上帝國的福音，祂擁有「一個完全的宗教人格，一個完全感覺到上帝是愛的屬靈生命。祂全心歸向上帝，和上帝合一」。[13] 作為一個組織，教會是促使上帝國於人間實現的工具，所以信徒必須效法耶穌，積極參與社會慈善服務，致力改善貧窮、罪案、賭博、酗酒及賣淫等問題，甚至推動廢奴運動、監獄改革和婦女普選等。總之，饒申布士堅信：「教會是拯救中的一項社會因素，它集合社會力量來攻擊邪惡。」[14]「教會的救世力量不在於它的組織的性質，不在於它的恒久，它的聖職任命，它的牧職，或教義如何，而在於上帝國是否在教會裏面存在。教會是一天比一天老，但上帝卻永遠是年輕的。」[15]

毫無疑問，19 世紀美國的社會福音派確實成為基督教參與社會服務的典範。然而，由於神學立場的不同，歐

12 饒申布士著，趙真頌譯：《饒申布士社會福音集》（香港：基督教文藝出版社，1956），頁 11。
13 饒申布士著，趙真頌譯：《饒申布士社會福音集》，頁 423。
14 饒申布士著，趙真頌譯：《饒申布士社會福音集》，頁 395。
15 饒申布士著，趙真頌譯：《饒申布士社會福音集》，頁 403。

美基督教各個教派對應否參與社會服務的爭論從未休止。二次大戰後，「社會服務」更成為區分普世派（ecumenical Christians）和福音派（evangelical Christians）基督徒的一個標準：前者是進步派或自由派，支持教會跨宗派的合一運動，擁抱現代世俗化進程，積極參與政治及社會關懷的工作，宣揚「社會福音」，堅持社會服務就是實踐福音精神；後者是保守派或基要派（fundamentalists），抗拒世俗化的社會腐敗，強調教會與社會之間必須保持聖俗距離，主張教會的唯一工作就是傳教佈道，促成個人重生得救、悔改歸主，以及成為「基督徒」才是正道。這就是所謂「傳教」與「社關」哪個才是教會使命的爭論，也是20世紀歐美基督教教會與神學圈子的一場路線之爭，關乎16世紀宗教改革主張個人得救在於信心不在善行的原則性問題。一直以基督徒參與社會服務為教會使命的普世派教會便在戰後組織了諮詢機構「普世教會協會」（World Council of Churches），推動各個教會宗派參與社會建設，主張傳教佈道和社會服務兩者的平衡及互補關係。雖然福音派教會大多拒絕參與普世教會協會的活動，但是他們也有組織國際會議，討論社關的神學及倫理問題，並在會後發表宣言以作為福音派信徒的行動綱領，例如《惠敦宣言》（Wheaton Declaration, 1966）、《芝加哥福音信仰福音社會宣言》（Chicago Declaration of Evangelical Social

Concern, 1973）、《洛桑信約》（Lausanne Covenant, 1974）、《馬尼拉宣言》（Manila Manifesto, 1989）及《社會正義與福音聲明》（Statement on Social Justice and the Gospel, 2018）等。時至今日，無論是普世派或福音派信徒，縱使立場與實踐方向各有不同，全球各地基督教教會大多一致認同社會服務是基督徒表達「愛鄰舍」的方法，與傳福音的使命沒有衝突。

與基督教相類似，天主教在如何回應聖俗二分張力的問題上也遇到困難，尤其是在社會倫理的理念與實踐上，經歷了一個巨大的轉變，從抗拒及譴責世俗社會的保守態度，到日漸轉向開放及投入建設社會的積極行動。以近代教宗向神職和信徒發表具有教義教導性質的「通諭」（encyclical）為例，指出關心社會的精神成為教會面向世界的主要關注。早於 19 世紀末，教宗良十三世（Pope Leo XIII）發表了第一份有關社會倫理的《新事》通諭（*Rerum novarum*, 1891），談論資本家與勞工的關係，呼籲各國政府介入勞資糾紛，改革社會不公。直到 20 世紀初，教宗碧岳十世（Pope Pius X）發佈《應牧放主羊》通諭（*Pascendi Dominici gregis*, 1907），嚴厲指責現代主義及世俗主義的錯謬，被視為一種教會拒絕世界現代化進程的保守姿態。即使如此，二戰後的 1962 至 1965 年，天主教教會召開了梵蒂岡第二屆大公會議（Second Vatican Council），扭轉了過去的保守方向，肯定教會接受現代化改革的迫切需要，確立「與時並進」（*Aggiornamento*）為今後教會的發展方向，更新有關傳教佈道與教會使命的理解，主動參與現代世俗世界的建設。在梵二會議後就任的教宗若望保祿二世（Pope John Paul II），就曾明言社會關懷是一種基督徒的倫理德行，又在《社會事務關懷》通諭（*Sollicitudo rei socialis*, 1987）中提及，關懷社會「不再是對遠近許多不幸者的空洞的同情或是膚淺的哀傷。相反的，卻是一項將自己獻身於共同利益的堅決而持續的決心；即是獻身致力於每一個人的和整體的利益，因為我們大家都是要為眾人負責的」。[16] 這正是追求「公益」（*bonum commune* / common good）的意義，也是世人關懷社會的目標。為此緣故，參與社會服務亦成為基督徒追求公益的最好方法。其後，教宗本篤十六世（Pope Benedict XVI）發表《在真理中實踐愛德》通諭（*Caritas in veritate*, 2009），認為慈善事業作為一種愛德的服務、信仰的見證，可以糾正當代資本主義社會制度的錯誤與失效，並且發揮道德力量，將人當作人而非貨物來看待。至於當今教宗方濟各（Pope Francis）更將社會服務的理念延伸至環境保護的責任與行動，並以他

---

16 教宗若望保祿二世：《論「社會事務關懷」通諭》，第 38 節（台北：天主教台灣地區主教團社會發展委員會，2007），頁 56。

的《願祢受讚頌》通諭（*Laudato si'*, 2015）來闡述相關的倫理意義。這些從19世紀至今由教宗發佈的「通諭」，成為闡述天主教社會訓導（Catholic Social Teaching）的重要文獻，意在指引神職人員及教育信徒去關心社會、服務人群，實踐基督徒的倫理原則，包括維護人性尊嚴和權利、追求社會公益、建立公義與和平的社會、反對暴力、保護環境，以及優先愛護窮人等等。

本地教會的角色

承第二章所述，天主教和基督教教會除了在香港傳教之外，也一直參與慈善工作和社會服務，致力推動公益，扮演社會服務提供者、倡導者及教育者的角色。阮美賢在〈天主教社會服務的神學導向〉一文中提及，天主教教會一直都是推動香港社會發展的「一股關鍵力量」，為普羅大眾提供教育、社福和醫療等多元類型的服務。[17]

---

17 阮美賢：〈天主教社會服務的神學導向〉，頁3。另外，天主教香港教區編製的《香港天主教手冊》內有「大眾福利」一項條目，列出天主教教區、修會或其他團體，還有香港明愛所參與的本地社會服務，包括幼兒服務、護養服務、家庭服務、青少年服務、康復服務、安老服務、庶務服務、社區發展服務、資訊科技服務、餐飲服務、醫療服務、教育及訓練、賓館及宿舍，以及靜修、營地與活動場地的服務提供等。

當然，天主教作為宗教團體，與政府或社福機構的服務理念有所區別，尤其是強調服務源於信仰，除了照顧有需要者，更是為了見證信仰，體現宗教倫理上的愛德精神。從天主教香港教區的架構可見，教區設置了不同組織來處理和提供不同服務。香港明愛是負責統籌天主教香港教區各類社福服務的中央性組織。另外，還有其他組織為各類社群提供不同種類的社會服務，例如修會（推廣教育的嘉諾撒仁愛女修會、沙爾德聖保祿女修會、基督學校修士會、耶穌會和鮑思高慈幼會等）、信徒善會（服務窮人的聖雲先會、關懷智障人士的信和光等）、自助會社和協會等。與社會上其他慈善機構相比，天主教社會服務團體強調愛德的服務就是一種信仰的見證，故必須以宗教信仰為依歸：「從事社會服務是實踐信仰、見證信仰的一種方式，亦是以具體方式以愛還愛。」[18] 愛德的服務要以維護人性尊嚴為宗旨，培育全人發展為目標，要求信徒以學習耶穌為榜樣；在實踐方式上是優先選擇關懷貧窮人和弱小者（option for the poor），成為他們的同行者，服務他們就是服侍天主。[19]

18 阮美賢：〈天主教社會服務的神學導向〉，頁 5。
19 阮美賢：〈天主教社會服務的神學導向〉，頁 12–15。

現任香港明愛總裁閻德龍神父在〈香港明愛〉一文中指出：「明愛的英文名稱『Caritas』，有著『基督之愛』的意思。」[20] 香港明愛的使命就是見證基督對人類的大愛，所以「明愛堅持扎根社會基層、並為最需要援助的貧困人士服務。明愛相信自己作為一個提供社會服務的教會機構，儼如一道橋樑、一件工具、一個中介、一股動力，將愛傳播到社會的不同角落，特別是那些需要加倍被關愛的角落」。[21] 按閻神父的說法，雖然明愛為普羅大眾提供社會服務，但是明愛的定位仍然是「教會機構」，是宗教性的慈善組織，與一般社福機構有別，並且在教會與社會之間扮演中介角色，傳播宗教倫理上的愛德精神，而貧苦大眾或弱勢社群便是明愛首先關懷的對象。閻神父指出，香港明愛的前身為「天主教社會福利會」，由香港教區成立於 1953 年，旨在服務從內地來港的難民，以及在二戰後復常初期生活在本地的貧苦大眾，為他們提供物資救濟。及至 1955 年，香港的天主教社會福利會加入國際明愛及國際天主教移民委員會，1958 年成為教區的社會福利機構，1961 年改名「香港明愛」（Caritas－Hong

20 閻德龍：〈香港明愛〉，頁 56。
21 閻德龍：〈香港明愛〉，頁 56。

Kong）。[22] 閻神父強調，香港明愛是「國際明愛」（Caritas Internationalis）成員組織之一，分享同一使命：「共建一個擺脫貧困、消除隔膜的社群；一個人人平等、充滿愛心的融和世界。」[23]

追本溯源，第一個明愛機構是由德國神父洛倫茨·魏特曼（Lorenz Werthmann）於 1897 年在德國弗萊堡成立，以拉丁文「Caritas」命名，取其仁愛或慈善救濟的意思，並且發展為被德國天主教官方認可之教會慈善組織的總代表，在全國各地設立機構。[24] 直到 1951 年，歐洲國家及美國的明愛機構一同在羅馬召開大會，成立「國際明愛」。如今全球共有 165 個明愛機構，遍佈 200 多個國家。明愛在現代天主教發展史上確實具有舉足輕重的地位。自成立之初，明愛一直都以天主教的信仰原則為行動指南，然而其服務對象並不限於天主教徒或基督教徒，而是為社會上所有階層、種族、性別及任何信仰的人服務。明愛身處在教會與社會之間參與社會服務，具備雙重身分：既是教會官員認可的宗教組織，也是向政府登記而

22 閻德龍：〈香港明愛〉，頁 57。
23 閻德龍：〈香港明愛〉，頁 58。
24 關於明愛的歷史，詳情可參考國際明愛網頁中的「History」頁面，網址：https://www.caritas.org/who-we-are/history/，2024 年 8 月 6 日檢索。

獨立運作的社福機構，通常都是接受政府資助及其他宗教或非宗教之慈善社團的捐獻。

全球各地明愛機構均具有相類似的身分定位，香港並非是個殊例。據閻神父解釋，香港明愛是一個獨立註冊的社福組織，不過仍然是教區專責社福服務的機構，所以明愛的「服務不單是質與量的增加，且是教會使命的實踐」。[25] 他亦在文中強調「明愛與教區兩者關係密不可分，相輔相成」;[26] 明愛只有跟教區好好合作，才能在服務與福傳之間取得平衡：「要達到服務與福傳的平衡並不容易，為免出現服務歸服務，福傳歸福傳，明愛與堂區在教區、鐸區、堂區以及明愛員工等多個層面上，定期舉行會議，以加強彼此合作的協同效應，務求能迅速回應社會需要，對弱勢社群提供援助，並確保堂區的宗教信仰及信、望及愛德能夠切實地宣揚。」[27] 明愛的理念，不單停留在教區層面上與教會官方的中央行政系統有所合作，而且更以具體的行動落實到各個地方單位的堂區去，發揮一種教育者的角色，偕同堂區組織「在堂區推動關社及公民教育，以提高堂區教友的社會意識，為區內青年、

25 閻德龍：〈香港明愛〉，頁 61。
26 閻德龍：〈香港明愛〉，頁 61。
27 閻德龍：〈香港明愛〉，頁 61。

家庭、長者及弱勢社群舉辦教育講座及義工服務」。[28] 相對而言，堂區也為「明愛轄下單位提供福傳活動和為明愛服務使用者提供靈性上的支援」，例如協助學校舉辦宗教週會、安排參觀聖堂、籌備教育主日的活動，以及提供心理或靈性輔導服務等。[29] 吾人可以由明愛為例見到天主教團體參與慈善工作和社會服務的特色，即是天主教團體在參與社會服務時，強調傳教與服務兩者結合的重要意義：在理念構思上，它們始終堅持天主教信仰與倫理原則，尤其是跟從羅馬教會所頒佈的社會訓導，以關顧窮人和弱者為優先；在身分定位上，它們尋求教區的承認與支持，肯定自身是屬於教會官方的慈善組織，強調執行由上而下的管理政策及行政工作；在實踐方向上，它們著重與堂區的溝通和合作，務求達到宗教信仰見證的果效。

除天主教之外，香港基督教有不少宗派的教會及團體都積極投放資源在慈善工作和社會服務的參與上。盧錦華於《香港基督教社會工作：信仰與社會服務結合》一書中提到，基督教福音派教會於 1982 年在美國大急流市舉辦的「傳福音與社會責任諮商會議」（Consultation on the Relationship Between Evangelism and Social

28 閻德龍：〈香港明愛〉，頁 62。
29 閻德龍：〈香港明愛〉，頁 62。

Responsibility）上，提出了有關傳教佈道與社會服務兩者關係的「三種關係模式」：（一）社會關懷是傳福音帶來的一種後果；（二）社會關懷是引到傳福音的橋樑；（三）社會關懷是配合傳福音的伙伴。[30] 盧錦華又在盧龍光牧師的研究基礎上指出，香港基督教教會就兩者關係的立場可歸納為「四個分歧模式」：（一）只傳福音而拒絕參與社會服務；（二）社會服務是傳福音的手段；（三）社會服務與傳福音各有價值互不相干；（四）社會服務是傳福音的伙伴關係。[31] 綜合及比較四種觀點而言，第一點和第二點都是傳統或保守派的傳教觀點，第三點和第四點則屬於傾向開放或自由派的方向。這兩大方向的差異在於如何理解基督教信仰救恩的定義、教會在世俗社會的角色，以及信徒倫理實踐的方法。保守派有一種觀點完全否定社會服務肉身需要的價值，他們認為靈魂的得救乃最優先之考量。然而，保守派也有另一種觀點，將社會服務視為一個工具、一種「福音預工」。他們認為「藉著

---

30 參見盧錦華：《香港基督教社會工作：信仰與社會服務結合》（香港：香港基督教循道衛理聯合教會，2001），頁 52、78。

31 盧錦華在書中引用盧龍光牧師〈傳福音是宣講與服務的結合〉（此文收入吳思源編著：《邁向明天 —— 循道衛理教會宣教使命的反省》〔香港：循道衛理聯合教會文字事工委員會，1984〕）一文之研究成果，來區分這四種有關香港基督教傳教佈道與社會服務兩者關係的觀點，參見盧錦華：《香港基督教社會工作》，頁 79。

社會服務可以接觸到更多人，並且可以使接受者較易於接受福音」。在這種觀點下，「為了傳福音，一切手段都變得合理，而社會服務的少量投資是值得的」。[32] 自由派持一種截然不同的觀點。他們認為傳教與服務同等重要，彼此各自獨立互不影響。傳教與服務是「兩種不同的工作去滿足人不同的需要」。自由派當中更有人主張兩者應該相輔相成、著重平衡。所謂傳教與服務兩者並重，這個觀點就好比實踐宗教信仰必須結合言教與身教的方法，二者不可缺一。若論保守派與自由派有什麼相似之處，那就一定是兩者均確認福音的重要性。自由派雖主張傳教與服務並重，然而如果「兩者因資源分配上遇到矛盾衝突時，傳福音的價值仍較社會服務優先」。[33]

至於在實踐方向上，盧錦華參考王國才的研究，將本地社福機構與教會的合作關係總結為「五個合作模式」：(一) 兩極化模式：福音與服務兩者在同一教會組織下沒有關連；(二) 伙伴關係：兩者平等而又相互依賴的關係；(三) 同等化模式：兩者互相不可分辨；(四) 優次性模式：兩者實踐的次序各有先後；(五) 排他性模式：

32 盧錦華：《香港基督教社會工作》，頁 79。
33 盧錦華：《香港基督教社會工作》，頁 79。

兩者互相排斥。[34] 盧錦華也從自身的經驗和觀察中提出了「六種結合模式」：（一）一屋兩伙型：教會與服務中心使用同一場地；（二）社區教會型：以特定社區作為服務對象之教會與社福機構的整合模式；（三）資源分享型：教會或社福機構主動與其他團體分享資源；（四）多向型：透過同一社福機構內各個單位的協作來實踐信仰與服務的結合；（五）融入型：服務中心同時設有宣教幹事進行傳教工作或信仰培育；（六）合作型：以勸人入教為終極目標之服務與信仰的合作關係。[35]

在各類基督教社福團體或機構當中，香港中華基督教青年會（YMCA）、浸信會愛群社會服務處與循道衛理中心，都是相當有名的例子。據盧錦華分析，YMCA 是一個「資源分享型」、「多向型」及「融入型」三個模式結合的教會團體。雖然 YMCA 是一個接受政府的資助社福機構，但是也強調其組織乃重視傳教與服務結合的基督教團體。YMCA 在 1980 年代設有「基督教事工部」，負責統籌與地區教會合作舉辦社區活動及資源共享的工作。

---

34 盧錦華在書中引用王國才的〈社會服務的之福音策略〉（此文收入《「特區新面貌 —— 信仰與服務」：基督教香港信義會社會服務部二十週年研討會彙編》〔香港：基督教香港信義會社會服務部服務協調處，1997〕）作為分析研究，參見盧錦華：《香港基督教社會工作》，頁 80–83。

35 盧錦華：《香港基督教社會工作》，頁 83–100。

YMCA 主動開放其屬下的會所、學校或社區中心，給予教會團體作崇拜或其他宗教活動之用，也會積極與其他教會組織合作，舉辦佈道活動，推動「福音預工」的工作，提供機遇給教會接觸未信教者。[36] 此外，同屬「多向型」團體的浸信會愛群社會服務處也重視以服務來實踐傳教要求。浸信會愛群社會服務處自 1980 年代起在機構內成立「福音事工部」。事工部專職從事傳教與服務兩者結合的工作，其成立目的不單只為機構的同工提供宗教活動及信仰支持，更裝備他們在推廣社會服務中進行傳教工作。與此同時，愛群社會服務處又會與一些浸信會堂會合作，成為他們在地區上推廣社會服務的工作據點。愛群道浸信會服務處、沙田浸信會服務處等都是其工作據點的例子。[37] 至於「融入型」團體，循道衛理中心正是典型例子。循道衛理中心於 1980 年代末設有老人宣教佈道的工作，而且更特意聘請宣教幹事，負責協助中心各個單位去籌劃宣教活動，致力將福音佈道工作融入到各類長者服務的工作之中。[38] 由以上的資料可見，基督教雖然不像天主教般設有具統籌力的中央教區，但是不同的基督教團體或機構，都

---

36 盧錦華：《香港基督教社會工作》，頁 90–91、94–98。

37 盧錦華：《香港基督教社會工作》，頁 92–94。

38 盧錦華：《香港基督教社會工作》，頁 98。

會主動與地區教會合作舉辦活動、共享資源，以及進行傳教工作。

佛教與基督宗教的對談

自從 1893 年美國芝加哥第一屆「世界宗教議會」（World's Parliament of Religions）舉行以來，「宗教對談」（interfaith dialogue）一直是宗教圈子及社會大眾的熱話。正當世界各地因為宗教信仰而發生暴力衝突，甚至戰爭不斷，從宗教對談到推動和平共處的積極行動就更加顯得十分重要。也許宗教比較研究的方法可以為這個題目的探討提供一個指導性方向，尤其是在宗教參與社會服務及其作業模式的課題上，佛教與基督宗教均有著不少相同的地方，甚至也面對不少相同的難題。為兩者進行一個類型性比較，確實具有參考價值。

從宗教義理界定聖俗差異的觀點來看，佛教徒與基督宗教信徒在現代世界參與社會服務上均面對一個共同的難題：那就是在世俗社會中如何實踐傳統宗教信仰與倫理關懷的挑戰。作為一個具超越性向度的傳統宗教，佛教在參與世俗性的社會慈善工作上，總會碰到一種「神聖」與「世俗」的張力。用佛教的用語，那是「出世」與「入世」或「彼岸」與「此岸」的張力，是「出世解脫」的信仰義理與「入世廣化」倫理實踐的挑戰與平衡。顯然易見，上文曾提及以服務香港社會大眾的大覺福行中心，正是以承繼人間佛教（Humanistic Buddhism）的精神、在院侍服務的例子上嘗試以「以人為本」的實踐綱領來化解這股張力。能夠遇上已是結了善緣，能夠繼續相處就以行動展示佛教精神，願意聆聽的就宣講佛法。總之，一切均以被侍奉的人為本，目的旨在陪伴有需要的人士渡過難關。一眾法師和義工們身體力行實踐佛法的倫理關懷，同時亦不忘宣講佛陀的正法。只要有人遇上難關，無論是信徒還是非信徒，他們都是中心的服務對象。法師和中心義工的工作體現出一種「無分別」對待的服務理念，也是「佛教人道主義」（Buddhist Humanism）的一種表現。

與佛教相比，如前所述，基督宗教同樣面對聖俗二分的問題，即是「服侍神」還是「服務人」神人兩者角力的糾結。長久以來的歷史演變中，教會與信眾時常在兩極之間兜轉，嘗試摸索平衡的方位，既有遁世的「修道主義」，也有入世的「社會福音」。直到今日的發展，「服務」他人重新被天主教及基督教強調為一種倫理責任，社會上所有人都成為教會履行「愛鄰舍」這份責任的對象。所謂福音精神，正要重視身體與靈魂的全人關懷。換言之，「世俗」成了實踐「神聖」的場域，體現了一種「基督宗教人道主義」（Christian Humanism）的精神。比較起來，基督宗教這種人道主義精神與當代人間佛教「以出世的精神，做入世的事業」有異曲同工之地方。

從傳教手法的角度而言，佛教徒與基督宗教信徒在香港社會參與慈善工作上具有各自的特色。從上文個案分析可見，大覺福行中心強調一種「以人為本」的宗旨，令「慈善服務」與「弘揚佛法」猶如一銀兩面，是一通俗而不媚俗的傳教模式。「以人為本」作為「入世」的行動綱領來推動信眾參與慈善工作，令受助者得到身心靈的全人照顧服務，同時又可以跟佛教結緣。在這種佛教人道主義的精神啟發下，大覺福行中心並未要求信徒懷著傳教的動機來進行慈善工作。秉承著中心「陪您過難關」的精神，義工沒有認定受助者為傳教弘法的對象，反而是需要別人陪伴的人。在接受服務後，若受助者最終成為佛教徒，則完全是受助者自發的決定。從訪談中得知，正是由於義工團體沒有以「硬銷」方式傳教弘法，中心服務的對象（包括受助者及有關機構）對中心的義工服務有十分高的評價。值得注意的是，縱使大覺福行中心的義工服務強調「以人為本」，自覺地提高其慈善服務的入世性，然而中心在服務過程中亦從未放棄弘揚佛法的目標。在訪談之中，兩位法師一再強調中心在「靈性」方面的獨特性。一般慈善團體的服務理念也會重視受助者各方面的需要，包括身、心、社、靈四方面。中心正是在「靈性」方面絕不為入世而妥協。在服務過程中，義工會因應受助者的需要和意願，以不同方式宣揚佛法，尤其是身教。另外，本著廣化有情的精神，大覺福行中心對「助人者」和「受助者」亦有不一樣的定義。中心的每位義工既是助人者，同時他們自身亦是慈善服務中的受助者。義工在參與慈善工作的過程中，一方面獲得學習正法的良好機會，另一方面亦為他們提供一個「培福」、「種福」的方便法門。這樣的設計秉承了佛教福慧雙修的傳統。

與大覺福行中心慈善服務的作業模式相比，香港本地天主教或基督教團體大多強調社會服務或慈善工作乃是福音見證的一種方法，亦是信徒身教的一種表現。如此而言，傳教佈道與社會服務兩者之間可以具有一種伙伴協作的關係。從佛理的角度看，基督宗教重視「他力」的信仰，即是神的拯救而非人類本性的自救；佛教則同時強調「他力」與「自力」兩者俱備的救贖，例如淨土宗的念佛法門正是「他力」拯救的表現。從「他力」救贖的原理來看，這也不難理解為何基督宗教主張社會服務應該總以引導世人回歸上帝，並要以倚靠上帝恩典來救贖靈魂作為終極目標。這符合神學上救贖論（Soteriology）的要義。教會存在世上之目的是要傳揚基督的福音，帶領世人認罪悔改，接受上帝恩典；教會亦需要教導信徒如何成為天國子民，在今世中為死後到達天堂及來世永生做好準備。簡而言之，在基督宗教的價值觀中，與傳教佈道的重要意義相比，社會服務就好比是一種服務他人的倫理善行，又或者作為一種幫助信徒成聖的善功。社會服務屬於支援傳教佈道的從屬性工作，而不是罪人得救贖的必要條件。與人間佛教所展示的理念不同，社會服務在基督宗教傳教使命上扮演的角色僅屬一種輔助性質的工具，而不應該喧賓奪主，反以服務世人為目標，淪為一般世俗社會的社福機構。

無論在宗教義理或在傳教手法上，佛教與基督宗教在社會服務的參與中都展現了一種宗教性的人道主義精神（Religious Humanism），即是在持守宗教傳統的信仰精神底下，強調「以人為本」的服務原則，同時又對於超越的「神聖」保持一份虔敬的信仰，與世俗人文主義（Secular Humanism）有所區別。由此可見，兩大傳統宗教對於社會服務的參與及照顧人靈的關懷確實具有很多契合之處。

總結

潘啟聰

行文至此，筆者由衷地希望拙作能為香港佛教公益慈善事業及社會服務的工作，提供可資參考的資料。正如在第一章〈緣起〉所言，是次研究希望同時為學界和業界帶來有用的參考。故此，本書盼能做到深入淺出，回應一些學界和業界感興趣的問題。作為此書的總結，筆者不願在這最後一章又再長篇大論。全書既以問題展開探索，此章就以答案點題，作為總結。

在第一章，筆者提出了以下問題：

- 宗教團體在香港的公益慈善工作扮演著怎樣的角色？
- 香港的公益慈善工作已有政府及非牟利團體分擔，由宗教團體提供的服務有什麼不同？
- 在香港這多元化的社會中，宗教團體的身分有沒有什麼優勢？
- 業界人士有沒有什麼辦法可以強化已有的優勢？
- 在香港這多元化的社會中，宗教團體的身分有沒有為服務提供者帶來什麼困難呢？
- 面對宗教團體身分帶來的困難，業界人士有什麼方法克服它們呢？

- 業界人士對於未來有什麼展望呢？

第二章的內容主要回應「宗教團體在香港的公益慈善工作扮演著怎樣的角色？」和「香港的公益慈善工作已有政府及非牟利團體分擔，由宗教團體提供的服務有什麼不同？」兩項問題。就第一條問題，由於早期港英政府以積極不干預自由市場的理念來管治香港，避免香港轉向福利主義社會。為要達到穩定社會的管治效果，以基督教為國教的英國政府便傾向依賴基督教和天主教團體的宗教組織功能來分擔經營社福服務的成本、責任及風險，向市民提供社會服務，促成教會與政府發展一個互惠互利的合作伙伴關係。就第二條問題，宗教團體漸漸成為政府在社會服務工作上的合作伙伴，融入管治體制的一部分。宗教團體營辦的社福機構可以獲得政府資助去服務市民，同時也達到傳教佈道和吸納信徒之目的。後者之目的與一般的非牟利團體最為不同。

第三章的內容主要回應「在香港這多元化的社會中，佛教團體的身分有沒有為服務提供者帶來什麼困難呢？」、「佛教團體有沒有什麼辦法可以強化已有的優勢？」、「面對佛教團體身分帶來的困難，業界人士有什麼方法克服它們呢？」及「佛教團體的業界人士對於未來有什麼展望呢？」等問題。就第一條問題，服務提供者面對什麼困難要視乎服務的性質。以衍空法師的經驗為例，由於其輔導中心和治療方法有明確的佛教旗幟，向中心求助的病人可謂已知情和同意採用佛教化的治療方法。因此，其所面對的困難與一般心理治療相同，並無因宗教元素而引起的困難。可是，如果像曾韋僑醫生或大覺福行中心一樣，面對的受眾可能來自多元化的背景。這樣，採用佛教相關的治療方法或佛教團體的身分就可能為他們帶來一些困難。至於第二和第三個問題，參考受訪者的經驗，「以人為本」的精神對於化解因宗教團體身分帶來的困難十分重要。社會大眾不論是否佛教徒，大家都有離苦得樂的本能。大眾相信科研成果，便提出證據；這也是靜觀認知治療之所以認受性高的原因。大眾相信有制度、有系統的認證，便建立良好的認證及註冊制度；這也是專業佛法輔導的近年發展。大眾擔心服務提供者之用心，借關心為名，行宣教之實，就只做一件事 —— 用心關懷對方，真誠地陪伴他們渡過生命上的難關；這也是大覺福行中心的做法。從嘉賓的分享中可見，「以人為本」的精神不是美麗的口號，而是真正能解決問題的靈藥。就第四條問題，綜合訪談所得，筆者有兩項提議：（一）香港佛教界應建立一個能夠促進佛教團體間溝通、交換服務資訊、從中進行調度資源的平台；（二）發展跨界別的溝通平台，讓不同的宗教團體之間、不同的社福機構之間可以互相學習、交換服務資訊，甚至進行資源共享。

第四章的內容主要為筆者在進行是次研究之後，對現存佛教心理和諮商理論的一些反思。筆者發現，有部分學者提出的佛教諮商模式側重於「正知見」的建立，忽略了「培福」在佛法中的重要性。故此，在學界現存的研究之中，出現了「重慧輕福」的論述：「正見是佛教諮商的核心，培福卻是當事人的一些宗教性習俗而已。」受大覺福行中心的社會服務執行模式啟發，筆者認同以「正知見」去建立佛教諮商的理論框架之同時，亦認為「福」的概念同樣重要。此章最後借 Pokeao 的 TIR 模式作藍本，加入 A — action 的元素，修正成一個新的 TIRA 模式。筆者希望 TIRA 模式在佛教團體社會服務的設計上，亦能作為可供參考的模式之一。

第五章的內容主要回應「基督宗教有何種服務社會的理念呢？」、「基督宗教面對處理宣教和服務人群，孰輕孰重？」、「教廷、教會是佛教的結構中所沒有，它們在基督宗教進行社會服務扮演著怎樣的角色呢？」、「佛教與基督宗教之間到底有哪些異同之處？」等問題。就第一條問題，教會團體強調「傳教」與「服務」兩者的配合，正是基督徒實踐耶穌教誨與見證天國在人間的標準，也是建立教會與社會友善關係的指標。就第二條問題，不同的教派對此議題存有爭議。用宗教的術語來說，這是「傳教佈道」與「社會服務」兩者優次的爭論。時至今日，無論是什麼立場與實踐方向，全球各地基督教教會大多一致認同社會服務是基督徒表達「愛鄰舍」的方法，與傳福音的使命沒有衝突。就第三條問題，教廷、教會一直都是推動宗教團體在香港社會發展的「一股關鍵力量」。從天主教香港教區的架構可見，教區設置了不同組織來處理和提供不同的服務。例如香港明愛是負責統籌天主教香港教區各類社福服務的中央性組織，還有其他為各類社群提供不同種類社會服務的組織。基督教雖然不像天主教般設有具統籌力的中央教區，但是不同的基督教團體或機構都會主動與地區教會合作舉辦活動、共享資源，以及進行傳教工作。就第四條問題，比較起來，基督宗教這種人道主義精神與當代人間佛教「以出世的精神，做入世的事業」有異曲同工之地方。無論在宗教義理或在傳教手法上，佛教與基督宗教在社會服務的參與中都展現了一種宗教性的人道主義精神（Religious Humanism），即是在持守宗教傳統的信仰精神底下，強調一個「以人為本」的服務原則，而又不失去對於超越的「神聖」保持一份虔敬的信仰，與世俗人文主義（Secular Humanism）混同。然而，兩者亦有相異之處。從上文個案分析可見，大覺福行中心強調「以人為本」的宗旨，令「慈善服務」與「弘揚佛法」猶如一銀兩面，是一種通俗而不媚俗的傳教模式。「以人為本」作為「入世」的行動綱領來推動信眾參與慈善工作，令受助者得到身心靈的全人照顧服務，同時又可以跟佛教結緣。與人間佛教所展示的理念不同，社會服務在基督宗教傳教使命上扮演的角色，僅屬一種輔助性質的工具，而不應該喧賓奪主。

以上的答案就是全書的總結。

後記

《慈悲在香港：佛教在香港的社會關懷工作》的出版，是我們兩位作者花了兩年多時間在這個專題上進行思索與研究的成果。日間，我們在大學從事授課工作，向學生講論人文學科的知識；課餘，又對宗教哲學、社會文化及心理健康等專題研究感興趣。也是這一份興趣，將我們的研究方向和心思意念連繫起來，推動我們共同設計、探索及完成這個有關本地宗教研究的專題。

回憶當初這個專題構想的用意，皆因我們有感有關本地宗教團體的慈善事業或社會關懷工作之研究實屬鳳毛麟角，尤其是涉及佛教團體參與慈善工作的專題研究更是寥寥無幾、屈指可數。當然，翻開不少文獻回顧，雖說不上完全付之闕如，然而這些研究資料及文獻大多集中在歷史敘事，按時序性的編排和整理，屬於局部的觀察或專注個別宗教慈善團體的發展回顧，鮮有觸及社會科學的分析及宗教比較的研究。如今《慈悲在香港》的出版，可以補上這方面的不足，也祈盼喚起學界或業餘同仁的興趣和關注，在日後推動這方面研究的深度發展。這是我們的心願。

我在佛教研究方面資歷尚淺，對於今次研究的進行及其成果不敢自誇。是次研究的成果及本書的出版著實有賴我的搭檔及同事、本書另一位作者，從事佛教研究多年的潘啟聰博士之功勞，謹此衷心致謝。潘博士治學嚴謹，博學多才，著作等身，堪稱本地佛教學界的年青典範。我有幸與潘博士結緣，一起共事和參與這個專題研究，而且從他身上學到了不少人文知識與研究方法，實深感榮幸、獲益良多。

除了擁有一份熱誠，亦需要一份支持。筆者也藉此感謝香港恒生大學人間佛教應用研習中心對是次研究的鼎力支持和全面肯定。

最後，我們衷心感激香港恒生大學人間佛教應用研習中心聯合主席張江亭先生對我們兩位的莫大支持。張主席向來對佛教研究相當認真和熱心，也對各大宗教信仰極為包容，無論在工作或生活上均篤信力行佛陀開示的義理，總是予人一種慈祥和顏的形象，教人印象深刻。是次研究大功告成，張主席的支持正是關鍵所在。

走筆至此，眼見本書旋即付梓面世，心裏滿是感恩！

黃大德

寫於 2024 年 6 月 11 日香港恒生大學創意人文館

參考書目

傳統文獻

《佛說阿彌陀經》，載 CBETA《大正新脩大正藏經》，第 2 冊，第 366 號。

《增壹阿含經》，載 CBETA《大正新脩大正藏經》，第 2 冊，第 125 號。

《雜阿含經》，載 CBETA《大正新脩大正藏經》，第 2 冊，第 99 號。

中文專書

孔教學院：《敬教勸學八十載：孔教學院八十周年院慶》，香港：孔教學院，2010。

田立克著，魯燕萍譯：《信仰的動力》，台北：桂冠圖書，1994。

何勁松：《近代東亞佛教》，北京：社會科學文獻出版社，2002。

呂大樂：《凝聚力量 —— 香港非政府機構發展軌跡》，香港：三聯書店，2010。

邢福增：《香港基督教史研究導論》，香港：建道神學院，2004。

周永新：《社會政策的觀念和制度》，香港：中華書局，2013。

周永新：《社會福利的觀念和制度》，香港：中華書局，1990。

星雲大師口述，妙廣法師等記錄：《人間佛教佛陀本懷》，高雄：佛光文化，2016。

衍空法師：《正覺的道路》，香港：覺醒心靈成長中心，2015。

涂爾幹著，渠東、汲喆譯：《宗教生活的基本形式》，上海：上海人民出版社，2006。

特爾慈著，戴盛虞、趙振嵩譯：《基督教社會思想史》，香港：基督教文藝出版社，1960。

教宗若望保祿二世：《論「社會事務關懷」通諭》，第38節，台北：天主教台灣地區主教團社會發展委員會，2007。

梁德華主編，游子安等撰文：《利物濟世：香港道教慈善事業總覽》，香港：香港道教聯合會，2011。

陳嘉偉：《不失方寸：佛法輔導員手記》，香港：超媒體出版，2023。

陳德中：《正念減壓的訓練》，台北：方智出版，2017。

游子安編：《道風百年——香港道教與道觀》，香港：道教文化資料庫及利文出版社，2002。

馮可立：《貧而無怨難：香港民生福利發展史》，香港：中華書局，2018。

聖嚴法師：《日常生活中的佛法》，台北：法鼓文化，1995。

聖嚴法師：《聖嚴法師教觀音法門》，南京：江蘇文藝出版社，2010。

廖約翰著，張寶珠譯：《基督教社關服侍》，香港：信義宗神學院，2017。

劉紹麟：《解碼香港基督教與社會脈絡：香港教會與社會的宏觀互動》，香港：基督教文藝出版社，2018。

潘啟聰：《東亞地區佛教心理學發展探析》，香港：香港中文大學人間佛教研究中心，2020。

鄧家宙：《香港佛教史》，香港：中華書局，2015。

盧錦華：《香港基督教社會工作：信仰與社會服務結合》，香港：香港基督教循道衛理聯合教會，2001。

霍揚揚：《獅子山上的新月：香港華人穆斯林社群的源流與傳承》，台北：秀威資訊，2020。

鐮田茂雄：《中國佛教史》，台北：新文豐出版，2010。

饒申布士著，趙真頌譯：《饒申布士社會福音集》，香港：基督教文藝出版社，1956。

英文專書

Antonovsky, Aaron. *Unraveling the Mystery of Health: How People Manage Stress and Stay Well.* San Francisco: Jossey-Bass, 1987.

Bien, Tom. *Mindful Therapy: A Guide for Therapists and Helping Professionals.* Somerville: Wisdom Publications Inc, 2006.

Lazarus, Richard, and Susan Folkman. *Stress, Appraisal, and Coping.* New York: Springer, 1984.

Pokeao, Soree. *An Application of the Four Noble Truths to Counselling Process for Developing, Treating, and Healing: Concepts, Ways, Experience and Research*. Bangkok: Chulalongkorn University, 2010.

Williams, Mark, John Teasdale, Zindel Segal, and Jon Kabat-Zinn. *The Mindful Way Through Depression: Freeing Yourself from Chronic Unhappiness*. New York: Guilford Press, 2007.

中文書章

吳水麗：〈宗教的社會服務角色 —— 以基督教在香港的經驗為例〉，收入李志剛編：《宗教的社會功能》，香港：基督教文藝出版社，2004。

林本炫：〈宗教與社會福利〉，收入林萬億等著：《台灣的社會福利：民間觀點》，台北：五南圖書，1995。

曾浩賢：〈我們的「Diakonia」基督教社關服侍的理念〉，收入基督教香港信義會社會服務部編著：《服侍 Diakonia：從社會服務到社關服侍》，香港：基督教香港信義會社會服務部，2022。

聖嚴法師：〈如何福慧雙修？〉，原載《人生》雜誌，第 106 期(1992)；後收入聖嚴法師：《佛法的知見與修行》，台北：法鼓文化，2020。

聖嚴法師：〈第三章　斥偏淺 —— 評析習佛不了義教者〉，收入聖嚴法師：《華嚴心詮：原人論考釋》，台北：法鼓文化，2006。

盧龍光：〈基督教社會服務的神學基礎〉，收入李志剛主編：《基督教與社會服務》，香港：基督教文藝出版社，2010。

賽勤：〈淺談當今我國基督教的社會服務〉，收入李志剛主編：《基督教與社會服務》，香港：基督教文藝出版社，2010。

關銳煊：〈論香港基督教與社會服務的關係〉，收入李志剛主編：《基督教與社會服務》，香港：基督教文藝出版社，2010。

嚴穗華：〈隨順世間　不捨正見　慈山寺佛法心靈輔導中心〉，《慈山鑑》(2015)。

中文論文

王亞榮：〈香港佛教的現狀及其發展趨勢〉，《中國宗教》，第 7 期（2004），頁 51–53。

朱峰：〈當代香港基督教社會福利事業述評〉，《福建師範大學學報（哲學社會科學版）》，2008 年第 6 期，頁 124–125。

阮美賢：〈天主教社會服務的神學導向〉，《神思》，第 127 期（2020 年 11 月）。

依來法師：〈人間佛教的慈善理念與實踐〉，《人間佛教學報．藝文》，第 5 期（2016），頁 132–153。

周永新：〈今後香港教會在社會服務工作上的取向〉，《文藝》，第 14 期（1985 年 6 月），頁 4–6。

周云：〈弘揚宗教善文化，促進宗教為和諧社會建設服務 —— 以香港宗教善文化建設為借鑒〉，《時代教育》，第 2 期

(2011)，頁 46–47。

周云：〈香港佛教公益事業開展狀況及其啟示〉，《深圳大學學報（人文社會科學版）》，第 28 卷，第 1 期（2011），頁 86–93。

林建德：〈出入於聖俗之間 —— 佛教慈善事業之初步思考〉，《玄奘佛學研究》，第 28 期（2017 年 9 月），頁 105–136。

高永霄：〈香港佛教發展史〉，《法音》，第 6 期（1997），頁 16–22。

梁霞：〈論唐宋佛教慈善醫療救助機構的發展及其特徵〉，《青海民族大學學報（社會科學版）》，第 1 期（2020），頁 116–121。

陳玉璽：〈正念禪原理與療癒功能之探討 —— 佛教心理學的觀點〉，《新世紀宗教研究》，第 12 卷，第 2 期（2013 年 12 月），頁 1–24。

陳慎慶：〈道教在現代社會的轉變：以香港嗇色園作為研究個案〉，《輔仁宗教研究》，第 16 期（2007 年冬），頁 109–130。

葉文意：〈香港早期之佛教發展〉，《法相學會集刊》，第 3 輯（1992）。

楊作舟：〈香港佛教簡介〉，《法音》，第 6 期（1988），頁 42。

劉金光：〈佛教在香港的傳播與發展（上）〉，《中國宗教》，第 3 期（1998），頁 53–54。

劉金光：〈佛教在香港的傳播與發展（下）〉，《中國宗教》，第4期（1998），頁48–50。

劉述先：〈論宗教的超越與內在〉，《二十一世紀》，總第50期（1998年12月），頁99–101。

寬忍：〈香港佛教面面觀〉，《五台山研究》，第1期（1998），頁41–46。

閻德龍：〈香港明愛〉，《神思》，第127期（2020年11月）。

龔學增：〈獨具一格的香港宗教文化〉，《中國宗教》，第3期（1997），頁49–58。

英文論文

Aich, T. K. “Buddha Philosophy and Western Psychology.” *Indian Journal Psychiatry*, vol. 55, suppl. 2 (2013), pp. s165–s170.

Ariyabuddhiphongs, Vanchai. “Buddhist Belief in Merit (Punña), Buddhist Religiousness and Life Satisfaction among Thai Buddhists in Bangkok, Thailand.” *Archive for the Psychology of Religion*, vol. 31, no. 2 (May 2009), pp. 191–213.

Balthip, Quantar, Usanee Petchruschatachart, Siriwan Piriyakoontorn, and Julie Boddy. “Achieving Peace and Harmony in Life: Thai Buddhists Living with HIV/AIDS.” *International Journal of Nursing Practice*, vol. 19, suppl. 2 (2013), pp. 7–14.

Cheng, Fung-kei. “An Exploratory Study of a Counselling Framework:

Four Noble Truths and Their Multi-Interactive Cause-and-Effect." *Chung-Hwa Buddhist Studies*, no. 12 (2011), pp. 151–196.

Christopher, M. S. "Albert Ellis and the Buddha: Rational Soul Mates? A Comparison of Rational Emotive Behaviour Therapy (REBT) and Zen Buddhism." *Mental Health, Religion and Culture*, vol. 6, no. 3 (2003), pp. 283–293.

Dane, Barbara. "Thai Women: Meditation as a Way to Cope with AIDS." *Journal of Religion and Health*, vol. 39, no. 1 (2000), pp. 5–21.

Holt, S. A., and C. S. Austad. "A Comparison of Rational Emotive Therapy and Tibetan Buddhism: Albert Ellis and the Dalai Lama." *International Journal of Behavioral Consultation and Therapy*, vol, 7, no. 4 (2013), pp. 8–11.

Kethumali, G. H. "Utility of Buddhist Counselling to Reduce Family Conflicts During the COVID-19 Pandemic." *International Journal of Buddhist Social Work*, vol. 1 (August 2022), pp. 59–61.

Liamputtong, Pranee, Niphattra Haritavorn, and Niyada Kiatying-Angsulee. "Living Positively: The Experiences of Thai Women Living With HIV/AIDS in Central Thailand." *Qualitative Health Research*, vol. 22, no. 4 (September 2012), pp. 441–451.

Rajapakse, R. P. C. R. "Buddhism and Counseling." *Aryabhimani—Baragama ariyabodhi nahimi abinandana shasthriya lipi saraniya* (March 2017).

Srichannil, Chomphunut and Seamus Prior. "Practise What you Preach: Counsellors' Experience of Practising Buddhist Counselling in Thailand." *International Journal for the Advancement of Counselling*, vol. 36, no. 3 (2014), pp. 243–261.

Srichannil, Chomphunut. "Healing Through Culturally Embedded Practice: An Investigation of Counsellors' and Clients' Experiences of Buddhist Counselling in Thailand." PhD diss., The University of Edinburgh, 2014.

Yeung, Gustav K. K., and Wai-yin Chow. "'To Take up Your Own Responsibility': The Religiosity of Buddhist Adolescents in Hong Kong." *International Journal of Children's Spirituality*, vol. 15, no. 1 (February 2010), pp. 5–23.

網頁

美國在台協會：〈2022 年國際宗教自由報告 —— 台灣部分〉，美國在台協會網頁，網址：https://www.ait.org.tw/zhtw/zhtw-2022-report-on-international-religious-freedom-taiwan/。

〈衍陽法師生平行誼〉，大覺福行中心網頁，網址：https://www.spga.org.hk/tc/footprint/venerable_yin_yeung。

香港政府：《香港年報 2020》，〈宗教和風俗〉，網址：https://www.yearbook.gov.hk/2020/tc/pdf/C21.pdf。

香港政府：《香港便覽》，〈宗教與風俗〉，網址：https://www.

hyab.gov.hk/file_manager/tc/documents/whats_new/hong_kong_fact_sheets/hong_kong_fact_sheets.pdf。

〈張蓮覺苑長〉，東蓮覺苑歷史檔案網頁，網址：https://archives.tlky.org/tc/our_people/ 張蓮覺苑長 /。

溫暖人間採訪組：〈佛陀 —— 最好的心理醫生〉，《溫暖人間》網頁，網址：https://bcvps.pixelactionstudio.com/content/ 佛陀 - 最好的心理醫生。

鄧毓浩：〈Social Service〉，國家教育研究院辭書，網址：https://pedia.cloud.edu.tw/Entry/Detail/?title= 社會服務 &search= 社會服務。

封面題字　林廣兆

策劃編輯　梁偉基

責任編輯　朱卓詠

書籍設計　陳朗思

書　　名　慈悲在香港：佛教在香港的社會關懷工作

主　　編　張江亭

著　　者　潘啟聰　黃大德

出　　版　三聯書店（香港）有限公司

香港北角英皇道四九九號北角工業大廈二十樓

香港發行　香港聯合書刊物流有限公司

香港新界荃灣德士古道二二〇至二四八號十六樓

印　　刷　美雅印刷製本有限公司

香港九龍觀塘榮業街六號四樓 A 室

版　　次　二〇二四年十一月香港第一版第一次印刷

規　　格　三十二開（130 mm × 190 mm）二〇〇面

國際書號　ISBN 978-962-04-5541-4

Published & Printed in Hong Kong, China.